生活法律漫談
Law about Life

生活法律
防身術

莊守禮　著

三民書局

國家圖書館出版品預行編目資料

生活法律防身術 / 莊守禮著. －－初版一刷. －－
臺北市：三民，2004
　　面；　.公分－－(生活法律漫談)

ISBN 957-14-4069-8　(平裝)

1. 法律－中國

582.18　　　　　　　　　　　　93010934

網路書店位址　http://www.sanmin.com.tw

© 生活法律防身術

著作人	莊守禮
發行人	劉振強
著作財產權人	三民書局股份有限公司 臺北市復興北路386號
發行所	三民書局股份有限公司 地址／臺北市復興北路386號 電話／(02)25006600 郵撥／0009998-5
印刷所	三民書局股份有限公司
門市部	復北店／臺北市復興北路386號 重南店／臺北市重慶南路一段61號
初版一刷	2004年7月
編　號	S 585240
基本定價	肆元陸角

行政院新聞局登記證局版臺業字第○二○○號

有著作權‧不准侵害

ISBN　957-14-4069-8　(平裝)

　　從民國八十四年六月正式向法院辦理登錄開始執行律師業務到現在，一晃眼第十年了，這幾年來辦過不少也算是大案件的案件，其中在刑事案件方面辦過刑度最重的是二個死刑犯，一個單純只因為車禍小擦撞就持刀下車把對方的脖子給砍斷，這種兇惡之行徑縱然在現在混亂的社會看來，仍然真的是太天理難容了，所以誰也救不了他，案件很快就三審確定被槍斃掉了；另一個涉及桃園市虎頭山公墓殺人焚屍命案，從接案開始一直到更四審都是死刑，前後歷經六年，終於在更五審時才改判無期徒刑確定，一路陪他在鬼門關前來來回回，這種壓力是很難用筆墨來形容的；也去過綠島辦理羈押人犯的接見，自己都不得不佩服自己能在早上五點半由桃園出發，八點就踏上綠島的陸地，下午還能由綠島趕回桃園開三點的庭，由此也足證臺灣的交通確實很便利。不過真要談起綠島，前後總計去了五次，但卻只對機場及看守所有印象，其他的一概沒去看過，真是對不起綠島的碧海藍天。

　　雖然這些年來自認確實也幫助過不少需要幫助的人，但捫心自問，有些卻是想幫都幫不上忙，其間所涉的無力感，基本上並非來自於自身的能力有問題，而是有些案件根本早就回天乏術，想救都救不回。若要探討其原因，嚴格來說，

當事人法律常識的欠缺絕對是重要原因之一，太過自信及太大意當然也無法排除在外，而社會的詭譎多變與居心不良的人太多，也正是糾紛及案件叢生之惡源所在。常有人說法律是用來保護壞人的，詳細研究之後其實也沒錯，為什麼？因為要當壞人就要多用腦筋，要多懂法律，才能做得出看起來是合法的壞事，要想得出花招才能騙得到人，才能得到不法之利益，但是換個角度來看，好人為什麼就一定要受騙？自己為什麼不也認真一點去多了解一些法律，免得被騙而無端受損受害，這樣不是就能少給壞人機會而能多保護自己？所以，其實法律本來是公平的，沒有特別要去保護誰，重要的是誰比較勤勞，比較用功，那他所受到的保護自然也就多一點。

要認識法律其實沒那麼難，不過卻有人常問法官或律師是不是都把六法全書背熟了？可能嗎？想也知道不可能，常用的、該背的一定要背，不需要背的當然就不必也不可能去背，而日常生活法律常識卻是只要多注意、多用心就能不斷由經驗累積的，自然不用刻意去背，因此一般人如果能充實日常生活法律常識，當然就可以儘量避免遇到無端受害的情形。之所以想要寫下這本書，係見於平常在鄉鎮市公所做法律服務的時候，發現同樣的問題會經由不同的人一問再問，而這些問題都是很生活化的問題，可是他們卻苦無可隨手查詢之管道，所以這本書一來作為執業律師十年之紀念，二來將以這些年來實務上所遇到的經驗，匯聚而成一般人皆隨手

可用之日常生活法律常識，希望日常所遇到的法律問題都可以在本書裡找到答案。當然，本書絕對稱不上什麼武林祕笈、葵花寶典，但是，希望它能成為很好用的生活法律「防身術」。

莊　守　禮

2004 年 5 月 20 日序於尚理律師事務所

生活法律防身術

目次

第四章　一般常見生活法律問題集錦

後　記

第一章

如何做一個快樂的債權人

◈ 一、做一個快樂的債權人有什麼先決要件?

　　最近幾年來，整體經濟之發展明顯走下坡，不論是本土經商失敗、中小企業關門大吉的，或是去大陸投資造成血本無歸的，在日常生活裡時有耳聞，甚至筆者自己的親戚近年來將原本所經營之工廠關掉的，算一算也有好幾家。經濟不景氣，債務糾紛就多，連帶的社會治安也一定會受影響，偷、搶、拐、騙的伎倆便一一出籠，騙的不成用偷的，偷不到就用搶的。暴力行為已是如此，金錢往來則又當如何? 近來常勸一些借人家錢卻要不回來的當事人一句話:「偷都在偷、搶都在搶了，何況您是雙手奉上的，就當是被倒會吧。」這句話有兩個意思，其一是被倒會已經成為一件非常平常的事，另一則是在說明被倒會而能把錢要回來的機會本是微乎其微，所以既然同樣是無法把錢要回來，當然只好當成是被人倒會，其實目的也是在勸當事人要死了這條心，因為錢要不回來，絕對是很正常的。而在現在的社會裡，借錢的時候是債務人差一點跪下來求債權人，想將錢要回來的時候，債權人不要說向債務人下跪了，就算是要死給他看，恐怕都得不到債務人善意的回應。但是為了怕被欠錢、

被倒會，便要完全停止與他人金錢之往來，在目前之工商時代裡卻是絕對行不通的，如何才能趨吉避凶，才能免去不必要之損失，相信絕對是一門大學問。

其實，有時要將債權人與債務人很明確地一分為二並不容易，因為它的範圍實在太廣了。在金錢借貸，借給人家的是債權人，向人家借的便成了債務人；但是在雙務契約上，因為契約雙方互負債權債務，有權利即有義務，在向對方主張權利之時是為債權人，但是當對方出面主張權利時，自己則已然成了債務人。所以在此概括言之，反正被人欠的我們就稱之為債權人，相反地，欠人的便是債務人，而要當一個快樂的債務人，那太容易了，基本上只要是沒信用、欠缺責任心、榮譽感的債務人，不用別人教，每一個債務人自己都會很快樂，因為拿別人的錢來花可以不用還，拿別人的東西來用可以不付錢，這還不快樂嗎？不快樂才怪！相對地不用多言，債務人快樂的時候絕對是債權人悲傷、痛苦的時候，誰叫他們本質上是相對立的呢？

要做一個快樂的債權人，其先決要件是要藉由掌控主導地位來謀求確保，也就是要想辦法「擰牛頭」，千萬不要「擰牛尾」，牛頭一旦被擰走了，再回頭去擰牛尾時絕對已失去了先機。舉個例來說，有人急著用錢想來借錢，借不借？借了風險大，不借有時又礙於人情不好回絕，此時一定要狠下心來先把牛頭擰住，請他提供擔保物以設定抵押權也好，請他找人來當保證人也行，絕對絕對要在把錢交到他手上之前完全搞定，否則一旦將錢交到對方手上，主導地位即已換手，此時哪怕是說破了嘴，對方已經不

會再完全照您的指示來做了，一旦欠缺相當之擔保，以後想要求償就會出現困難，其影響之層面也就不難想像。

想要當一個快樂的債權人，還要注意其他什麼事？請待往後幾篇慢慢道來，本書將儘量以實際發生之案例來介紹，全書之主人翁將取名為「莊董」，為配合案例之設計，因其對法律之規定似懂非懂，故取其與「裝懂」同音之故也！

◇ 二、證明已經簽收很重要！

案例 •

莊董借了一筆錢給人，用現金交給對方，沒有其他人一同在場，而對方也當場簽了一張本票交給莊董作為屆期清償之擔保，惟到期莊董持該本票出面向對方催討時，對方竟向莊董稱：「我開本票交給你向你借錢，結果到現在你都還沒把錢交給我，竟然還來跟我要錢。」莊董一時傻眼不知該如何應對！

問題 •

為何在金錢之往來須要特別強調「簽收」的問題？

解析 •

債權人在向債務人催討債務的過程中，經常會遇到債務人各種不同程度的抵抗，死皮賴臉、死拖活拖的也就算了，一被要求還錢便根本翻臉不認人而否認欠錢的，亦所在多有，在經驗上比較常遇到的是本票債權，因為本票沒有經過向銀行提示請求兌現這道手續，欠缺票信制度之牽制，不還錢也不會留下退票紀錄，

在公開之網路上更是查不到，以致本票到約定付款期限不付款之債務人遠多於支票到期不付款之債務人；然而將本票使用在債權之追討時，因為有「本票裁定」之制度設計而有其效率上之方便性，造成本票之使用幾乎有點浮濫，動不動就以簽發本票來作為屆期清償之擔保工具，用多了，加上書局就有在賣，所以「玩具本票」的名稱就由此而生了。雖然被稱為「玩具本票」，但是只要在上面簽了名完成了發票行為，卻是要不折不扣地負給付票款之責，而關於本票裁定之運用方式容後再詳為介紹，本篇主要是想來介紹為什麼本票債務容易被債務人以提出「確認本票債權不存在之訴」或「確認債權不存在之訴」來對抗的原因，藉此加以說明證明對方已經簽收很重要。

　　債務人簽發本票交給債權人，以作為屆期清償之擔保，此時債權人多半只會注意簽發本票之行為是否為其本人所為，以及票面應記載之事項是否完備，然後就將債務人所要借貸之金錢交給債務人，從而應讓債務人簽收的程序就忽略了。但是就法律規定而言，民法第四百七十四條第一項規定：「稱消費借貸者，謂當事人一方移轉金錢或其他代替物之所有權於他方，而約定他方以種類、品質、數量相同之物返還之契約。」要注意到的是「移轉」、「所有權」這兩句（原第四百七十五條規定：「消費借貸，因金錢或其他代替物之『交付』而生效力。」已刪除，在刪除之前更常發生類似於本案之情狀），也就是說，法律上之借貸關係是一種「要物契約」，必需確實已將金錢交付或物之所有權移轉給對方，借貸契約才成立、生效，故而在完成交付、移轉所有權之前，就算債

權人已同意出借，仍不生借貸之效力，惡劣之債務人便經常藉由此法律上之規定，再抓住債權人因係交付現金而無法證明已將金錢交付之機會，便起訴主張「你是同意借給我沒錯，我也已經簽發本票交給你了，但是你的錢卻還沒交給我」，以此請求法院判決債權不存在，萬一債權人提不出物證也提不出人證藉以證明交付之事實存在，那法官也就真的只好判決債務人根本沒欠債權人的錢。就因為借貸契約所涉及之金錢未交付或物之所有權未移轉，故而須認定借貸契約尚未成立、生效，債權人此時也就成了啞巴吃黃連，有苦說不出了。

　　要如何避免發生這種問題，最簡單的方法就是請債務人在簽發本票之同時另外再簽一張收據，請他自己把已經簽收借款並經其親自點收無訛之事實寫清楚，那他以後就無法再使出前面所述之技倆了。之前曾代理過某位律師的遺孀打債務糾紛官司，對方提出該律師親筆之借條上僅寫著「茲借到新臺幣○○元正」，因為事隔多年且人死無法查證，於是我也依據顯無金錢交付之事實以抗辯雙方並無借貸關係之存在，但法官卻當庭給我難看說：「債務人本人是個律師耶！如沒有金錢交付的事實，他會自己寫『借到』嗎？」至此，想當然耳，該案件不輸才怪，不過死無對證，究竟真相如何？誰知道。其次在「使用借貸」方面，因為民法第四百六十四條同樣有：「稱使用借貸者，謂當事人一方以物交付他方，而約定他方於無償使用後返還其物之契約。」（原第四百六十五條規定：「使用借貸，因借用物之交付，而生效力。」亦已刪除），因此相同道理，借用的如果是一般使用的東西、物品而不是金錢或可

取代之物時，為了擔心將來請求返還時出現一樣的抗辯，也是有此相同之需要，寧可不厭其煩地請對方簽收一下，絕對可以免去後顧之憂。另外在其他交易之往來也是一樣，只要預見與對方可能會有糾紛發生，不管對方是誰，一定都要注意這個細節才行，依經驗來說，自己之至親好友因信任而疏忽這個細節致翻臉成仇的例子實在太多了，倒是未曾往來或關係較為疏遠的，因為有危機意識在，反而都不會出問題。

　　在實務上，白紙黑字寫得明明白白的契約都會發生爭執而製造訴訟糾紛了，不寫，行嗎？

◇ 三、債權之請求權時效不論如何要掌握！

案例 ••

　　莊董年終大掃除的時侯，在書櫃裡發現一張多年前一位好友向他借錢時所書立之借據，而現在該位多年未見之好友已經是事業有成，所以莊董便持該借據前去拜訪，並希望好友能將債務順便清償，惟好友卻板著臉對莊董說：「都已經過那麼久了，時效也已經超過了，還敢來要錢！」

問題 ••

　　「時效」是什麼？如何計算？其效果為何？

解析 ••

　　在權利上睡著了，是不被保護的，這是法律人常見的慣用語；但這是什麼意思呢？「貓在鋼琴上睡著了」，那又如何？把牠趕走

就好了，鋼琴也不會損壞；可是一個人在他的權利上睡著可就不一樣了，因為一旦睡過頭，權利就會死掉，就不能再主張，這就是法律上關於「請求權時效」之概念所由生之處。為了法律關係的安定性，不能讓一種權利長久不行使而持續保持在效力未定之狀態，所以法律就將各種不同之請求權定了不同的「時效」規定，要求請求權人須在規定之時效內為一定之主張及行使，否則就要讓他的請求權因為時效超過而難以再實現，即所謂的「時效消滅」或債務人所提的「時效抗辯」。而在民法上關於時效的主要常用條文，我們先將其製作一個簡單明確的附表再來說明：

民法條文編號	請求權之內容	請求時效
第一百二十五條	一般債權請求權。	十五年
第一百二十六條	利息、紅利、租金、贍養費、退職金及其他一年或不及一年之定期給付債權，其各期給付請求權。	五年
第一百二十七條	一、旅店、飲食店及娛樂場之住宿費、飲食費、座費、消費物之代價及其墊款。 二、運送費及運送人所墊之款。 三、以租賃動產為營業者之租價。 四、醫生、藥師、看護生之診費、藥費、報酬及其墊款。 五、律師、會計師、公證人之報酬及其墊款。 六、律師、會計師、公證人所收當事人物件之交還。 七、技師、承攬人之報酬及其墊款。 八、商人、製造人、手工業人所供給之商品及產物之代價。	二年

第一百九十七條	因侵權行為所生之損害賠償請求權，自請求權人知有損害及賠償義務人時起。（不知損害及賠償義務人時，自有侵權行為時起十年，也就是自侵權行為時開始算，過了十年後才知道損害之發生或賠償義務人，便無法再為任何之請求，因為賠償義務人一定會主張時效抗辯。）	二年

　　前述請求權時效之規定，其期間應自何時開始起算？依民法第一百二十八條規定：「消滅時效，自請求權可行使時起算。」舉例而言，一般之借款債權，債權人與債務人約定有確定之清償日期時，則債權人自該約定之日期屆至開始，即可向債務人請求清償，並由該日期開始起算十五年，滿十五年後債務人即可以時效消滅為理由，拒絕再向債權人為清償，這就是所謂之「時效抗辯」，債務人一旦主張時效抗辯，法院就會針對時效先為調查，如調查後發現確有其事，則法官根本就不會再調查其他事實及證據，因為可以肯定法官已經隨時都準備要駁回原告（就是債權人）所提之訴訟了；另再就租金之請求權而言，如果雙方有約定給付租金之日期，自然就依其約定給付之日期來作為租金債權可得開始請求之日期，如果沒有約定呢？則依民法第四百三十九條所規定：「承租人應依約定日期，支付租金。無約定者，依習慣，無約定亦無習慣者，應於租賃期滿時支付之。如租金分期支付者，於每期屆滿時支付之。如租賃物之收益有季節者，於收益季節終了時支付之。」所以，一般而言，就算雙方沒有明文約定給付之日期，亦有其他之辦法來計算債權人可得開始向債務人請求之時間，以

利計算時效之起算及其消滅之時間。

時效消滅後有什麼後果？依照民法第一百四十四條第一項之規定：「時效完成後，債務人得拒絕給付。」很明顯的，只要時效一完成，債務人一旦提出時效抗辯，債權人之請求權就變得一點也行不通。可是法條規定是債務人「得」拒絕給付，如果債務人不拒絕給付而仍然願意給付給債權人，此時債權人可不可以收？答案是肯定的，不收才是傻瓜；但是相反地，債務人如果本來不知道已經時效完成了而仍然為清償，事後發現了，可不可以要求債權人應加以返還？這是不行的，因為民法第一百四十四條第二項便規定：「請求權已經時效消滅，債務人仍為履行之給付者，不得以不知時效為理由，請求返還。其以契約承認該債務，或提出擔保者，亦同。」因此如果要主張時效抗辯必需一開始就堅決主張，直接以時效完成、時效消滅為理由拒絕給付，如不注意及此而任意為給付之後，是無法再回復時效完成之利益的。所以關於請求權時效之掌握，不論是債權人也好，債務人也罷，一點都馬虎不得。

◈ 四、不要以為設定了抵押權就能「永保安康」！

案例 ●●

莊董見於利率直直落，把錢放銀行定存沒什麼利息，於是做起金主而經營私人借貸，為了確實擔保債權，借款人必須提供不動產給他設定抵押權才行。有一次有人拿著價值千萬的農舍型別

墅來借六百萬元，無奈在完成設定抵押、錢也借出去之後，不到二個月竟然發生火災全燒光了，而剩下的農地竟值不到四百萬，讓莊董一下子就賠了二百萬元。

問題 ●●●

有抵押權設定作為債權之擔保，真的就可以高枕無憂嗎？

解析 ●●●

銀行貸款業務為什麼不做「二胎」（也就是第二順位之抵押權）？最近景氣這麼差，很多人因為繳不出房屋貸款，導致房屋被法院查封拍賣，但是就是因為景氣差，拍賣房屋也少有人會去投標承接，法院每次拍賣都降價百分之二十，以致通常到第三、四拍的時候，銀行就要決定是不是要承受。若不承受，則到第四拍還是沒人要時，法院就得撤銷查封將房屋交還債務人（依新修正強制執行法規定法院總共只會拍賣四次），這對債權銀行來說，等於白走了好一段路，又花了不少的執行費；可是如果承受了，除了價差之損失外，房子還是銷不出去，只能將其列為資產，賠錢的還是得認賠，所以最近各公民營銀行都出現很多貸款呆帳。很明顯的，第一順位抵押權人（也就是一般所說的第一胎）都會賠錢了，誰還會笨到做第二順位？因為抵押權是一種優先債權，拍賣所得會以第一順位優先受償，一定要第一順位拿完後還有剩下，第二順位或其他之普通債權人才有繼續受償之可能。

以第一順位抵押權來講，通常其利害關係只在於能拿回多少債權，也就是拿得夠不夠；拿不夠只是賠一些，總不至於血本無歸，因此，倘若債務人願意提供不動產供債權人設定抵押權（尤

其又是第一順位的話），那這個債務人肯定是非常有誠意的，因為這樣絕對是給予債權人最基本又最為確實之擔保。但是，是不是只要設定了抵押權就一定可以高枕無憂？那恐怕也未必，除了前述有可能因為拍賣的底價過低而無法完全受償之外，還得要考慮抵押物滅失的危險（通常此部分風險，銀行都會以要求投保保險來獲得保障，而一般民間之借貸則較不重視）；其次，時效的掌握也是有其必要的，筆者最近一連辦了二件請求塗銷抵押權的案件，二件都設定了抵押權而且債權確實存在尚未清償，就因為請求權時效超過了，所以債務人並不打算清償，於是就委託律師起訴請求債權人應辦理塗銷抵押權登記，而二件都贏了，也都順利塗銷掉抵押權，以致債權人雖然設定有抵押權，但終究還是未能受償分文。問題出在民法第八百八十條規定：「以抵押權擔保之債權，其請求權已因時效而消滅，如抵押權人，於消滅時效完成後，五年間不實行其抵押權者，其抵押權消滅。」據此，以一般借款債權而言，在請求權時效十五年超過後，如果設定有抵押權的話，那就應該在時效完成後之五年內實行抵押權，請求拍賣抵押物以求償，否則再過了五年，則依法抵押權就消滅了，債務人便可以在不清還債務之情況下即起訴請求塗銷抵押權登記，而且別無意外的話，債務人一定會勝訴。所以就算有設定抵押權，也並不代表可以「永保安康」，掌握時效還是有其絕對之必要，不可大意。

另外有個值得一提的案例：有個當事人經人介紹，將一千五百萬元借給某位債務人，該債務人亦很有誠意地提供位於桃園大溪之一大筆土地供設定最高限額抵押權，債權人看過土地之後認

為確實足夠擔保債權，所以在一切借款手續完備、設定最高限額一千六百萬元之抵押權登記之後就把錢給借了出去。數月之後，債務人開始不支付利息，債權人就向法院聲請拍賣抵押物裁定，此時真正之地主竟然跑出來了，問債權人為何要拍賣他的土地？事後經詳查結果，發現原來出面借款之債務人根本不是真正之地主，但是該人卻有辦法使用偽造之身分證去戶政事務所辦理印鑑變更並領取地主之印鑑證明書，還能拿出土地權狀供債權人設定抵押權，本案到最後因為借款之本票根本非真正之地主所簽，依票據法第五條第一項之規定：「在票據上簽名者，依票上所載文義負責。」反面言之，如果沒在票據上簽名則根本不必負責，所以既然真正之地主沒在本票上簽名，當然可以不必負返還借款之責任，就算有抵押權之登記，如果沒了實際債權之存在，那抵押權登記只不過是個空殼子而已，並不能發生擔保債權之效力，當發生這樣的狀況的時候，絕對是所有債權人料想未及的，到最後也只能自認倒楣。當然這僅是特例，除非遇到詐騙集團，否則發生的機會不大，不過終究還是真的發生過，所以，就算債務人要提供不動產供債權人設定抵押權登記，奉勸對於來路不明的債務人還是不能太大意。

◈ 五、如何實行抵押權?

莊董把錢借人周轉，債務人除了提供不動產作為抵押權設定外，同時並書立借用證（即借據），也開了本票為憑據，並將每月到期之利息也都簽發支票用以讓莊董按月兌現。不料利息支票兌現幾期之後即開始跳票，其後並已拒絕往來，而莊董為了想把債權要回來，一下子竟不知在這些林林總總之憑證中，該如何去選擇藉以主張應有之權利。

問題 ••

有了抵押權設定，在債務人無法清償時，該如何去行使抵押權?

解析 ••

雖然誠如前所述，就算設定了抵押權登記仍不能有恃無恐、「永保安康」，但是就目前實務上來看，債務人提供不動產供債權人設定抵押權，對於將來債權之求償言，仍然還是最可靠的擔保之一。至於債務人屆期不清償本息時，要如何將債務人之財產予以拍賣求償，這道程序說起來簡單，但真的做起來也是非常曠日費時的。

抵押權約可分為一般之抵押權及最高限額或本金最高限額抵押權二種，其差別在於抵押權設定時，一般之抵押權已經確定其債權額，所以設定擔保之金額即為債權人之債權額；而最高限額

抵押權所擔保之債權額，則是浮動未確定的，在擔保之限額及權利之存續期間內，債務人隨時可以清償，也可以隨時再借而增加債務額，因具有相當之彈性及方便性，故而現在已成為最普遍之擔保設定方式，不論是民間之借款或是銀行所作之房屋貸款，大都是以最高限額抵押權之方式來設定。而最高限額抵押權所擔保之範圍，也就是實際債權額之確定，通常是到債務人未按時清償而進入強制執行程序時才來做債權額之確定，屆時債權人便要提出必要之憑證來證明債權之數額有多少，所以針對債務人所簽發之本票、支票、借據等，都要徹徹底底的保管好才行。

　為了預備將來證明實際債權額之方便，事實上債權人在借貸及設定抵押權之初，便有一些事項須要特別去注意到。比方辦理抵押權設定時，在抵押權設定契約書之後是否要另外訂立「特別約定事項」，此特別約定事項一般都會把債權人與債務人間之前已存在而到現在尚未清償之債務約定為抵押權擔保範圍之內，也會將雙方所存及將來會發生之債務種類全數含入，因此，如果抵押權設定前債務人並沒有尚未清償之債務存在，那有無特別約定事項基本上就差別不大；其次要注意的便是權利存續期間為何，一般而言抵押權存續期間都任由當事人隨意約定，少則一、二年，多則三、四十年都見過，這個存續期間有什麼意義？其最重要的目的便是用於判斷債務人所積欠之債務是否在抵押權擔保之範圍內，而以債權人之立場言，當然是希望全部之債權皆在擔保之範圍內，將來求償時就有優先受償之權利，因此債權人特別要注意債務人所簽發之債權憑證，不論是借據也好，支票、本票也一樣，

其借款日期或支票、本票之到期日等，都應該要落在設定抵押權時所約定之權利存續期間之內，而抵押權存續期間屆至後才發生之債權，便無法主張該債權為抵押權擔保之效力所及，即失去優先受償之機會。

抵押權也設定了，債務人也借到錢了，但是屆期卻不依約定清償，或是房屋買了，抵押貸款也都辦了，可是因為景氣不好繳不起房屋貸款，此時不論是一般之債權人也好，是債權銀行也好，為了催收債權，一般都是進行拍賣抵押物之程序，亦即主張抵押債權之存在，請求拍賣抵押物藉以獲得優先受償。要發動這個求償程序，要先聲請法院裁定准予拍賣抵押物。

提出聲請時須備妥他項權利證明書、抵押權設定契約書、債權憑據（借據或本票等），再向地政事務所聲請一份土地、建物登記簿謄本（即抵押權標的物之謄本），然後寫一份聲請狀，其後向法院繳納規費（裁定費目前係依主張之債權額多寡自最低九元到最高一千二百元不等，司法院的網站 http://www.judicial.gov.tw/ 有對照表可查）及遞狀。狀紙之寫法就各案事實理由內容都不同，法院有提供基本範例可以參考，但建議僅能抄相關狀紙之基本格式，內文部分絕非一體適用，仍要就自己本身之個案情況去調整才行；而就使用紙張之格式而言，以前的狀紙是 B4 尺寸、有格子，現在配合公文格式之修改，亦全面採用 A4 尺寸之紙張，但分成二種，一種仍保留印有格子的形式，可以用手寫，也可以用電腦套印，印有格子之書狀用紙可以在法院服務處買到，另外一種則是本書所附之範例，不須畫有格子，可以用電腦之文書處理程式直

接繕打列印在 A4 之白紙上即可，但基本之架構及格式還是有一個標準（政府為使公文格式能與國際慣例接軌，預計會自民國九十四年起將公文改為橫式由左到右書寫，屆時司法狀紙格式也會跟著改，本書預以橫式編排，所附狀紙格式可望與新格式相符）。

一般而言狀紙之寫法如下：

　　民事　拍賣抵押物裁定聲請　狀

訴訟標的金額：新臺幣參佰萬元整。

聲請人（即債權人）○○○　住○○縣○○市○○路○○號

相對人（即債務人）○○○　住○○縣○○市○○路○○號

為請求裁定准予拍賣抵押物事：

一、請求裁定之事項

　　相對人所有如附表所示之不動產准予拍賣。（這邊所指之不動產就是被設定有抵押權登記的擔保標的物全部）

　　程序費用由相對人負擔。

二、事實及理由

　　查相對人以其所有如附表所示之不動產為擔保向聲請人借貸金錢，並經設定最高限額新臺幣四百萬元之抵押權登記在案，此有抵押權設定契約書、他項權利證明書及土地、建物登記簿謄本可查（證一），相對人先後向聲請人共借得三百萬元並簽具本票及支票數紙為憑（證二），惟屆期經催討未獲清償，是以即有聲請准予拍賣抵押物以實現債權之必要。

證據：

證一：抵押權設定契約書、他項權利證明書影本乙份，土地、建物登記簿謄本正本各乙份。

證二：本票及支票影本。

附表：相對人不動產標示。

　　謹　狀

臺灣桃園地方法院民事庭　　公鑒

中華民國　　九十三　　年　　七　　月　　○　　日

　　　　　　　　　　　具狀人：○○○　　　　（蓋章）

附表：債務人不動產標示附表應包含如下列項目。

不動產標示附表：

不動產標示附表		債務人：○○○（權利範圍　　　　）						
編號	土 地 坐 落					地目	面　積 平方公尺	權利範圍	最低拍賣價格（新臺幣元）	備考
	縣　市	鄉鎮市區	段	小段	地號					
一	桃園縣	中壢市				建		全部		

編號	建號	基地坐落	建物門牌	建築式樣主要建築材料及房屋層數	建物面積（平方公尺）				權利範圍	最低拍賣價格（新臺幣元）	備考
					一層	二層	合計	附屬建物主要建築材料及用途			
一				住家用加強磚造二層樓房	52.56	52.56		陽臺　花臺	全部		

　　向法院遞狀之後，法院審核書類無誤即會依法裁定准將債務人之財產予以拍賣，接到裁定之後是不是就可以聲請強制執行，每個法院執行處之做法不太相同，有些法院會要求要提出拍賣抵押物裁定之「裁定確定證明書」，有些則不用，保守的作法係等到法院發給裁定之確定證明書後再聲請強制執行較妥；拿到拍賣抵

押物裁定及確定證明書之後，後續之強制執行聲請及執行程序，就與一般之執行程序相同，該做的工作都一樣，只不過是最後製作分配表時，抵押權人就拍賣所得金額之分配有優先受償之權利而已。至於聲請強制執行的程序在往後幾篇再另外做完整之說明。

◈ 六、債權憑證要收好！

案例 ‧‧

莊董在實行抵押權拍賣的時候，民事執行處要求他提出所有債權憑據之正本文件，但是他不管怎麼找都找不到債務人所簽發之本票正本，除了借據尚有正本之外，本票就只剩下影本了，怎麼辦？

問題 ‧‧

債權憑據是否非留存正本不可？

解析 ‧‧

本件案例在實行抵押權時，因為還有借據正本足以證明債權之存在，所以就算沒有本票之正本，也不至於有大影響。但曾經遇過當事人拿著支票、本票之影本來委託要向債務人請求清償欠款或票款，我問他支票、本票之正本呢？他說被債務人拿回去了，或是找不到、不見了，此時我會跟他說的第一句話是「天啊」，第二句話便是「回去吧，下輩子再要要看」。為何如此說？因為就實務上來說，不論是本票、支票或是其他之債權憑據，這些都是證明債權存在最重要的東西，收據、借據還好，就算正本掉了，只

要債務人不要求、不抗辯並承認上面的簽名是他簽的，影本也還有可能可以將就著用；至於支票、本票，沒有正本是絕對行不通的，因為它們本身基本上都記載有「見票即付」的字樣，據此直接聯想，不管付不付，總要先見票才行，如果連票都見不到，那當然就不用再多說了，因為除了向銀行提示一定非得要正本才會被接受外，簽發之債務人就算要清償票款債務也一定會要求把正本收回來才行，否則看到影本就付款之結果，基於票據之流通性會產生一再轉手之情形，同一張票會被人要幾次就不知道了，恐怕絕沒人敢去冒這個險。

案件確定了，要進入強制執行之階段時，通常亦必會被要求提出債權憑證之正本，一般來說都是指判決書及確定證明書，或是支付命令、本票裁定及其確定證明書。本票裁定的話就另外還要再提出本票之正本，若是拍賣抵押物的話，還得要有他項權利證明書、抵押權設定契約書及債權憑據之正本，這些文件要是不見了，無法完整交到法院民事執行處，那根本就是跟自己的債權過不去，誰也幫不上忙，因為在你依執行處法官之「命令」補正前，執行處絕不會進行下一個程序，你的案件就會一直擺在一邊動不了，當然就無法順利受償。所以無論在起訴請求之階段或是最後進行強制執行之程序，債權憑據當然絕對要收好。

◈ 七、如何防止債務人脫產?(假扣押程序簡介)

案例 ●

　　莊董收到一張由客戶所簽發用以支付貨款之支票,到期經向銀行提示請求兌現,惟該紙支票卻被銀行以「拒絕往來」為理由而退票。莊董取回退票支票之後向票據交換所查詢,才知該客戶同時間已經有很多張支票跳票之紀錄,再經查該廠商之營運狀況竟發現其正在尋找買主,有意將全部之廠房及機器出賣他人,而後打算捲款逃之他去。

問題 ●

　　發現債務人有脫產之跡象時,該如何處理?

解析 ●

　　景氣一差,倒帳的、跑路的自然就多,這陣子以來尤其明顯,有些是被骨牌效應所拖累,有些則根本就是趁火打劫、惡意倒債。不管是故意也好,或是被拖累也罷,最可憐的莫過於債權人了,辛苦一整年才能有的收穫,不用一下子就被倒光了,而想要順利將欠款追回又是相當不易,反倒是債務人經常都可以輕鬆坐享其成,可以說好處都被債務人佔光了,才會有人一直在說我們的法律是保護壞人的法律,對真正受害的人著實無法提供必要之保障。其實會有這種想法並不足奇,因為在實務上就是常常遇到那種讓人恨得牙癢癢的案例,債權人被倒得苦哈哈,債務人卻開著賓士車到法院來開庭,還讓司機把車大搖大擺的停在法院大門口等他

開庭出來，看到這種局面，真叫人無法不感慨萬千，社會公平正義又豈是應該如此？

再看看一些積欠國家稅收的人動不動就被行政執行處的執行官約談，談不攏或不提出清償擔保，就威脅要給予管收（說管收是比較好聽，其實說開了還不是被抓進去關起來），政府追還欠稅的效率從設立行政執行處之後真是好得不得了；相對照處理一般債務追償之法院民事執行處，別說將債務人管收了，就算債權人具狀聲請命債務人陳報可供執行之財產狀況，有時都會被愛理不理，通常也都會直接叫債權人自己查，查不到可供執行之財產就發債權憑證結案，債權人繳了執行費到最後就只能拿到一張紙，根本就沒什麼效率可言，導致欠錢不還的人比比皆是，要他還錢就各憑本事。此時，所謂的「討債公司」就只好變成合法了，他們用的方法並不在法條規定範圍之內，但是效率卻比依法辦理還要好，難怪他們有很大的生存空間，但是真不敢想像再如此下去會變成怎樣的社會。

被倒債了，不管如何倒法，第一件事並不是急著找人去把債務人押回來要他還債，不還就不放人，基本上那絕對是不正確的作法，因為有些精明的債務人會先把事情弄大再來跟你談判，債權人被債務人反咬擄人勒贖到最後被判妨害自由了事的，並非少見，所以非小心不可；若是去債務人的家或他的營業所強行把原本已交付之貨物搬回來可不可以？如果債務人或是受僱於債務人看顧現場的人同意你搬也就算了，要是不同意的話又如何？加上其他債權人如果有人也想來搬一些抵債又把大隊人馬開到，那現

場豈不就成為戰場而馬上就得廝殺一番?倘有幸未發生現場衝突，但在未經債務人同意之下就搬，要嘛就被人告竊盜，而就算竊盜罪不成立，無故侵入住宅罪總也是可以告得成，無端討債不成反而多了一個犯罪紀錄，其間利弊得失之衡量，不可不慎。

　　所以，為了避免遇到以上所說的一些麻煩事，如果可以早一步查到債務人之財產所在，為了以正當合法之程序防止其脫產，則迅速進行假扣押之程序絕對有其必要，不管是把債務人之財產扣押起來，或是把自己出賣並已交付給債務人之貨物扣回來保管，在合法之前提上，在在都須要先進行假扣押之程序才行。至於假扣押程序要如何做，我們以下便一步一步來介紹:

　　⑴向法院聲請假扣押裁定:這個民事裁定是准你將債務人之財產予以扣押之依據，所以要先備具假扣押裁定之聲請狀向法院送狀，狀紙之寫法約略如下:

　　民事　假扣押裁定聲請　狀
訴訟標的金額: 新臺幣〇〇〇元正
聲請人（即債權人）〇〇〇　住〇〇縣〇〇市〇〇路〇〇號
相對人（即債務人）〇〇〇　住〇〇縣〇〇市〇〇路〇〇號
為聲請假扣押裁定事:
一、請求裁定之事項
　　請准債權人供擔保將債務人之財產在新臺幣〇〇〇元之範圍內為假扣押。（如果只這樣寫的話，將來要對債務人進行假扣押之標的物如果不在裁定法院之轄區時，也可以拿到其他法院去聲請執行，但是如果已經確定知道將要扣押之物係在裁定法院之轄區內而將

聲明限定在裁定法院之轄區時,以後就只能向裁定法院聲請執行)
聲請程序費用由債務人負擔。

二、假扣押之原因

　　查債務人向聲請人借貸金錢,總計借得新臺幣○○○元正,債務
　　人並簽發支票乙紙交由聲請人收執以作為屆期清償之擔保(證
　　一),惟屆期提示該紙支票竟遭銀行以存款不足為由退票,其後債
　　務人即避不見面,令聲請人遍尋不著,無法進行求償,而近日更
　　聞債務人有將其財產予以處分進行脫產之動作,是為免日後有不
　　能強制執行或甚難執行之虞,爰依民事訴訟法第五百二十二條第
　　一項、第五百二十三條第一項之規定,並願供擔保以代釋明,狀
　　請

　　鈞院鑒核,賜裁定准予假扣押,實為德便。

證據:

證一: 支票及退票理由單影本一紙。

　　謹　狀

臺灣桃園地方法院民事庭　　公鑒

中華民國　　九十三　年　七　月　○　日

　　　　　　　　　　具狀人:○○○

　　向法院遞送前揭假扣押聲請狀時,須繳納新臺幣一千元之規
費(原本只要四十五元而已,但自九十二年九月一日開始,規費
都已向上調整,惟皆不用再另外附郵費),法院收文、分案後,約
於一週內就會將假扣押裁定寄給聲請人,此時法院還不會將假扣
押裁定寄發給債務人,所以債務人尚不會知道債權人已經有進行
假扣押之動作。

(2)在接到假扣押裁定之後，依法應該在三十日內向法院提存所辦理提存擔保金之手續，應該提供多少擔保金，依假扣押裁定之主文所記載之數額為準，辦理提存要提出身分證明文件及假扣押裁定之正本及影本，正本於核對無訛之後發還聲請人，另外再書寫一式二份之提存書（要向法院售狀處購買），提存所查對資料無誤後會蓋用關防准予辦理提存，提存書一份由提存所留存，一份由聲請人保留，聲請人再將擔保金繳至公庫收款處索取二聯收據，一聯交提存所留存卷宗內，一聯由提存人保留以備將來與提存書合併作為取回擔保金之憑證用。

(3)辦妥擔保提存之手續後，提存所會製發一紙通知函，該紙通知函係要通知民事執行處假扣押聲請人已辦妥提存手續之用，民事執行處接到提存所之通知才會分案續辦假扣押之執行程序。此時聲請人便須另外準備一份聲請假扣押執行之聲請狀，狀紙應載明請求之依據（假扣押裁定之文號）及擬進行假扣押之動產、不動產，再至民事執行處繳納千分之八之假扣押執行費，持繳費單據及執行聲請狀向承辦股陳報要假扣押之物品為何及其所在之地點，並與執行處之書記官約定前往現場查封之時間。在前往現場查封之前，如果是查封不動產的話，執行處一般都會先發囑託查封登記函給管轄之地政事務所，囑託地政事務所先行將該不動產辦理假扣押查封登記，一旦地政事務所將假扣押查封登記辦妥，就已發生查封之效力，其後到現場貼封條完成查封程序之「揭示」動作，即可以配合民事執行處之時間慢慢再去也沒關係，因為只要地政事務所辦好查封登記，債務人就喪失處分權，無法再為其

他之移轉登記，就能達到防止其脫產之目的。

(4)到與書記官相約前往現場查封之日期，先依指定之時間到達執行處承辦股辦公室報到，簽妥指封切結等相關之文件後即與駕駛公務車之司機約好會合之地點，然後便可以先前往約定會合之地點等候；因為執行書記官一出門便是連續查封好幾件，而不是單單去查封聲請人一件，因此依其當日排定之路程，會先封哪一件也不知道，因此約好後要直接出發先至約定地點等，如果書記官到時看不到你的人，你最好不要期待他會自己去找到地方，自己去貼封條，極有可能他會直接離開而叫你下次再來。筆者在律師實習期間，曾經與書記官相約在某個大路口會合，筆者開車停於路旁等，經過數十分鐘後由汽車照後鏡看到法院之公務車遠遠到來，於是就將車窗搖下揮手致意，接著就將車往前開，法院之公務車也隨後而來，因為當時該路口只有我一部車，以如此之動作言，我想公務車駕駛應該很清楚地認出我來；可是到達現場一下車竟然被「司機」罵，那司機罵我為何那麼沒禮貌，連下車打聲招呼都沒有，萬一讓他們跟錯車怎麼辦？天啊，被司機罵耶！雖然是實習律師，但骨子裡總是個律師吧！竟然為了這樣就被司機罵。可是，那是個濱海公路鄉下路段的大路口，當時又只有我一部車還閃著警示燈停在路旁等，怎會跟錯車？由此經驗便要告訴大家，講話大聲並不表示他就是老大，人家書記官都不說話了，司機又是憑什麼罵我？不過話說回來，在這種情形下，就算是書記官，可以罵我嗎？請大家自己評評理。

引導書記官到達現場，書記官會命執達員先行敲門（執行現

場查封時，都是由一位書記官搭配一位執達員在做），如果有人在家，便會要求其在查封筆錄上簽名，而且會很客氣地問他想要把查封公告貼哪裡，貼了之後照張相（有時執達員自己會照，有時又叫債權人自己準備相機，照相之後再陳報給法院，其標準不知在哪裡？）便離開；如果沒有人應門，那執達員便會直接把查封公告往大門上一貼，這也是愛面子之債務人最無法忍受的事，所以有些債務人回來看到之後就會一把將查封公告撕掉（這是違背查封效力之犯法行為，如果被債權人看到，有可能會去提告訴，債務人會因而被法院判刑，雙方若有相當之糾紛在，債務人千萬要小心），有的則拿其他之字畫或月曆將查封公告擋起來（此等行為是否違法，實務上則有點爭議）。貼完查封公告之後，全部之假扣押程序至此就告一段落，加上地政事務所所為之限制登記，就表示已經查封到了，這絕對是非常值得慶幸的一件事，因為接下來你就可以慢慢打官司，打到終局判決勝訴後再來調假扣押案進行強制執行拍賣之程序。其實可以講，封到了基本上就一定可以得到清償，只是數額多寡之差別而已，除非遇到已被設定高額之抵押權而導致由優先權人優先受償，又遇上拍賣所得價款不足清償優先債權之情形，否則應不至於完全無法受償才是。

　　以上之假扣押程序是以一般之狀況為例，其實各法院之執行處還是各有其不同之作法，無法一概而論，但也是僅止於運作上之小差異，遇上不同作法時再調整、補正就行，至於強制執行法之明文規定不論走到哪裡，當然是一定要遵守的。

◈ 八、案件確定了，如何辦理強制執行程序?

案例 ....

　　莊董被人欠了一筆錢，他花了很大一番功夫去打官司，終於打贏官司並取得法院發給之判決書及確定證明書，但債務人仍無清償之誠意，莊董為此非常之困擾，始終不知該如何去將債權取回。

問題 ....

　　取得執行名義之後，要如何進行強制執行之程序使債權得以受償?

解析 ....

　　前一篇我們介紹了如何辦理假扣押之程序，假扣押程序雖然也是強制執行程序中之一種，但實質上它只有一種保全債權之作用，其目的充其量僅在防止債務人脫產，實際上則尚無法將債務人之財產予以拍賣進行求償，真正能將債務人之財產予以拍賣求償的，應該是在取得「執行名義」以後所聲請之強制執行程序，有了「執行名義」才能依執行名義所載之內容進行強制執行程序。但是所謂之執行名義有很多種，有的是已經確認了債務人應清償之債務額，有的則僅在保全債權而已，有關執行名義之詳細規定，依強制執行法第四條第一項之規定應有下列數種:

　　㈠確定之終局判決

　　這種執行名義是債權人對債務人提起訴訟後，案件已經經過

民事庭法官調查審理而做出判決，在一審判決後債務人沒有上訴、上訴後再被二審判決上訴駁回而不得上訴、或是經三審判決確定，並已取得法院發給之「判決確定證明書」，在判決書及確定證明書完整取得後，二者合一才能算是一個完整、有效的「執行名義」。

(二)假扣押、假處分、假執行之裁判及其他依民事訴訟法得為強制執行之裁判

假扣押之情形誠如前篇所述，須有法院所發准予進行假扣押之民事裁定，而假扣押則係屬於金錢給付或係得易為金錢給付者始得為之，若非屬金錢之給付或有定暫時狀態之必要者（如：命相鄰土地之所有人在確認界址之前停止繼續建築房屋之處分），即應聲請假處分裁定；另在勝訴判決確定以前，如下級審之判決主文有准予提供擔保得為假執行之記載者，即得於提供擔保之後進行假執行之聲請程序。但是假執行程序雖稱為「假」執行，而實際上卻是現實地將債務人之財產予以進行拍賣，因為案件本來即還未確定，但依法得在確定之前即先進行強制執行程序，故稱為假執行；也因為未確定，所以聲請人便要提供相當於假扣押程序之擔保金才能聲請假執行，以擔保萬一將來債權人如果在上訴審反而受到敗訴判決確定時，作為對他方應為之損害賠償。

(三)依民事訴訟法成立之和解或調解

依民事訴訟法第三百八十條第一項之規定：「和解成立者，與確定判決有同一之效力。」再依民事訴訟法第四百十六條第一項之規定：「調解經當事人合意而成立；調解成立者，與訴訟上和解有同一之效力。」是以既然依民事訴訟法所為之和解或調解均與確定

判決有同一之效力，當然即得與第一項之確定終局判決等同視之，可作為執行名義。

㈣依公證法規定得為強制執行之公證書

依公證法第十三條第一項之規定：「當事人請求公證人就下列各款法律行為作成之公證書，載明應逕受強制執行者，得依該證書執行之：一、以給付金錢或其他代替物或有價證券之一定數量為標的者。二、以給付特定之動產為標的者。三、租用或借用建築物或其他工作物，定有期限並應於期限屆滿時交還者。四、租用或借用土地，約定非供耕作或建築為目的，而於期限屆滿時應交還土地者。」凡上述之事項經過公證之手續並曾載明違約之一方應逕受強制執行者，債權人即可免去冗長之訴訟程序，可以直接持公證書聲請強制執行。現行公證制度已於法院公證處之外，在直轄市各區或各鄉鎮市適當之地方設有「民間公證人」，其公證、認證之效力與法院公證處相同，所收取之規費亦同一標準，因此，如果遇符合前述公證法所列事項而想要節省將來訴訟程序之耗費，亦可就近洽「民間公證人」之事務所辦理，不用到法院公證處去排隊等候。

㈤抵押權人或質權人，為拍賣抵押物或質物之聲請，經法院為許可強制執行之裁定者

設定抵押權，屆期債務人未按時清償，此時便須聲請法院裁定准予拍賣抵押物，待裁定確定之後即可聲請強制執行，將抵押物予以拍賣求償。此拍賣抵押物之程序，前已有專篇論及，而質權亦同，差別只在抵押權係針對不動產為標的，質權則是以動產

為標的，程序上則無差異。

㈥其他依法律規定得為強制執行名義者

依鄉鎮市調解條例第二十四條第二項之規定:「經法院核定之民事調解，與民事確定判決有同一之效力；經法院核定之刑事調解，以給付金錢或其他代替物或有價證券之一定數量為標的者，其調解書具有執行名義。」因為鄉鎮市公所調解委員會所為之調解依上述條例第二十條之規定不得向當事人徵收費用或收受報酬，而其調解書經法院核定之後又具有確定判決之效力，故近來甚受一般民眾之肯定，然其缺點則在若對造人堅不到場時，即無法進行調解程序，因為鄉鎮市調解條例並無可強制其到場或不待其到場得逕行調解之規定，所以若雙方歧見仍深或一方置之不理之情況，調解委員會即無法發揮調解之功能。

上述為所謂「執行名義」之簡介，一定要取得執行名義，才能進一步聲請強制執行，而聲請強制執行，首先便要先備具一份強制執行聲請狀，聲請狀內應表明執行名義及請求執行之標的所在，一般而言可如下書寫:

民事　強制執行聲請　狀

訴訟標的金額：新臺幣○○○○○元正。（要據此金額繳納千分之八之執行費）

聲請人（即債權人）○○○　住○○縣○○市○○路○○號

相對人（即債務人）○○○　住○○縣○○市○○路○○號

為聲請強制執行事：

一、聲請執行之標的

　　債務人應給付債權人新臺幣○○○○○元及自○○○年○○月○
　　○日起至清償日止按年息百分之五計算之利息。(此部分係依所持
　　執行名義所載之內容為準，通常都照執行名義上所載之主文抄下
　　即可)
　　取得執行名義之程序費用及執行費用皆由債務人負擔。
二、執行名義
　　臺灣高等法院○○年度上易字第○○號民事判決正本(見證一，
　　本件係不得上訴案件)。(一般言如係提出終局之確定判決皆應一
　　併附上確定證明書正本，如係二審終結不得再上訴之案件，因判
　　決書理由之最後面會記載「不得上訴」的字樣而表示案件已經確
　　定，有時民事執行處就不會再要求須附確定證明書，但也有遇過
　　要求要補正的經驗，如果被民事執行處要求補正的話，再向原審
　　理之民事庭聲請即可)
三、執行標的及所在地
　　債務人所有坐落桃園縣○○市○○段○○號之土地及其同段○○
　　號建號全部。
四、聲請理由
　　查債務人與債權人於○○○年○○月○○日簽立離婚協議書並辦
　　理離婚登記手續，之後債務人並未依離婚協議書之約定內容確實
　　履行給付贍養費，致債權人對債務人提出請求依約給付之民事訴
　　訟，經債務人提出上訴後，全案經臺灣高等法院以○○年度上易
　　字第○○號判決債務人應給付債權人○○○○○元正，全案因不
　　得上訴而告確定，惟自判決書送達迄今，債務人仍從未曾攵判決
　　書所載而為任何之給付，是以債權人即有聲請強制執行之必要，
　　經查債務人擁有如附表不動產標示所示之財產，懇請准予查封拍
　　賣，以利實現債權，狀請

鈞院鑒核，賜准予強制執行，實為德便。

證據：

證一： 臺灣高等法院判決書正本乙份。(如二審判決有變更一審所判之
　　　金額而無法由二審判決書確認金額時，也要把一審判決書附上)

證二： 土地及建物登記簿謄本正本各乙份。

　謹　狀

臺灣桃園地方法院民事執行處　　公鑒

中華民國　　九十三　　年　　○　月　　○　日

　　　　　　　　　　具狀人：○○○　　　　（蓋章）

　　寫好了強制執行聲請狀後，便要向法院遞狀，遞狀時須以聲
請狀上所載之訴訟標的金額計算繳納千分之七的執行費（自九十
二年九月一日起調高為千分之八），該聲請狀所載之訴訟標的金額
通常也就是債權人所主張之債權額。本來之前除了執行費之外，
還應按相對人（即債務人）之人數檢附雙掛號之郵資，一個相對
人便要附一份三百四十元之郵票（34 元 ×10 張 =340 元），但自調
高執行費為千分之八後，郵費已經內含，所以強制執行之聲請即
無庸再附郵費，法院收狀之後便會加以分案給承辦之各股，承辦
股收到案卷之後，便要進行下列一連串之執行程序：

　㈠查　封

　　分為囑託地政機關辦理查封登記及債權人之引導現場執行，
因為不動產之查封方法依強制執行法第七十六條第一項之規定係
為：「揭示、封閉、追繳契據」，而之前曾一再發生現場已貼上查
封公告（即俗稱之封條）後，在地政機關收到法院執行處之囑託

辦理查封登記公文前，債務人利用此空檔時間將不動產給移轉掉了的情況，故以往實務上對於到底是以現場查封即生查封之效力，還是以地政機關辦妥查封登記始生查封之效力有些爭執，於是後來修法時增訂第七十六條第三項之規定：「已登記之不動產，執行法院並應先通知登記機關為查封登記，其通知於第一項執行行為實施前到達登記機關時，亦發生查封之效力。」亦即不動產之查封方法基本上仍應依第一項之規定至現場為揭示、封閉、追繳契據之方式來查封，亦即所謂貼封條之動作；但是若地政機關先接到法院囑託查封登記之公文而先行辦理查封登記時，雖然現場尚未前去貼封條，亦生查封之效力。而依目前之執行現狀言，民事執行處承辦股在接案之後大皆會先發文囑託地政機關辦理查封登記，其後再發文與債權人約時間，由債權人引導至現場揭示查封公告。

接到執行處通知要引導執行當天應按時間至承辦股報到，簽署必要之文件（如指封切結）或補正相關之資料（如登記簿謄本、委任狀）後，即與負責駕駛之司機約定等待之地點，其餘程序與先前已經詳為介紹假扣押程序之引導執行部分相同，還是要請小心注意約定之時間及地點，避免又被司機罵。

若債權人自己不知道查封標的所在之確實地點，尤其是單單查封土地之時，因為沒有建物之門牌號碼可供查詢，而僅有一個地號就要找到現場去，還要知道其正確之位置，有時並不容易。發生此狀況之時，便要在強制執行聲請狀內先向執行處提出指界之聲請，執行處就會發函請該處轄區之地政機關派員在進行查封

當日帶領到現場進行指界，惟債權人須先以該公文持向地政機關辦理指界規費之繳費，繳費後地政機關就會依其內部排班排定當天應帶領指界之測量人員，而債權人在約定查封當日之前一、二天即可與該帶領指界之人員連繫等候之地點，該地點最好即為當日去執行處與法院公務車司機約定等候之地點，屆時三方人員（法院書記官、債權人、地政機關指界人員）到達之後，才由帶領指界之地政機關人員帶到土地現場並指明其大略之界址。

查封土地之時，因現場可能係空曠之開闊地而無處可貼查封公告，故執行處都會先行於公文內要求債權人要攜帶可供黏貼查封公告之牌子，債權人可以自行以木板製作，面積要足夠貼進查封公告即可，而一般法院之通知上係載明為四十五公分高，三十公分寬。

(二)**鑑　價**

在完成現場貼封條之查封手續後，如發現現場有增建、加建或有未辦理保存登記之建物之情形，執行處還會要求地政機關再至現場進行測量，此時引導之程序還要重複一次，只不過這次要提早去地政事務所繳納測量之規費，並與測量人員確認會合之時間及地點。一般言測量人員因對現場熟悉，故而無須引導，只要地點、時間約妥確定，他們都會自行到達現場，測量後地政事務

所會依執行處之命將補測量之部分一併辦理查封登記。隨後執行處會指定鑑價之單位，並命債權人直接向指定之鑑價單位繳納鑑價費用。以往鑑價都由縣政府及鄉鎮市公所辦理，後因行政機關業務繁忙，在時效上常常難以配合，現在則皆指定民間之鑑價公司進行鑑價，但鑑價費用係由法院在委託函內做統一之規定，民間之鑑價公司不能隨意巧立名目收取鑑價費用，如遇到有未依法收費之情形，應直接向執行處反映，交給承辦法官去處理。

㈢詢價，定底價

　　鑑價完成之後，鑑價公司會將其鑑定之結果呈報回法院執行處，此時執行處便會以該鑑價之結果發文請債務人及債權人表示意見，通常債務人都會希望把鑑價結果調高一點，一來若順利拍賣出去即可避免不夠清償，或還期待剩下的可以拿回來，二來把價金定高一點可讓一些人暫時觀望，只要拍賣不出去，債務人就可拖延而不必馬上受拍定後須強制點交之處分；相反地，債權人則會希望底價定低一點，因為比較好賣，可以早點受償，或是將來有必要承受時，也可以無需用太高之價錢來承受。所以在詢價之過程中，基本上債務人與債權人之心態是相對立的，雙方不管是希望定高些或定低些，都可提出相關之證據來陳述意見，藉以提供執行法官定底價時參考之標準，但是這也只是供參考之用，最後還是要由執行法官綜合各方意見來判斷，之後才據以定出拍賣之底價。值得一提的是，曾遇到有一件係拍賣既有道路用地，鑑價公司認為道路已設置完成，又不符政府徵收之標準，大概僅能作為抵稅用，所以鑑價結果將標的物之價值認定僅有三、四十

萬元，惟法官卻連採都不採，逕以該土地之公告現值加四成定為拍賣底價，最後之拍賣底價即定為二百四、五十萬元，兩者相差六、七倍之多，債權人向執行處提出異議之後也沒用，法官還是堅持到底。據此即知，法官才是拍賣底價最後的決定者，其他人的意見根本就不重要，所以在接到詢價期日之通知函後，會按時去表示意見的人並不多見，因為法官不見得會接受當事人的意見，而且跑法院會浪費很多時間。

㈣**拍賣公告登報**

　　法官定出拍賣之底價後，便會製作及寄發拍賣通知及拍賣公告，債權人接到拍賣公告之後，要將拍賣公告刊登報紙。一般係以刊登各報之全國版為準，但未限於刊登哪一家報紙，惟依強制執行法第八十二條之規定：「拍賣期日距公告之日，不得少於十四日。」雖然執行處依法會在法院公告處黏貼拍賣公告，但債權人在接到拍賣公告之後仍應儘速登報，儘可能不要讓見報之日期距離拍賣日期少於十四日，以免產生不必要之困擾。將拍賣公告刊登報紙之後，要將報紙呈報回執行處，以證明已確依規定登報，而登報所支出之費用，應將收據妥為收存，因為將來拍定後進行分配時，該等登報費用（原則上最多登五次）都算是執行費用，與執行費一樣可以優先分配而取回。

㈤**進行拍賣**

　　執行第一次拍賣當日，有意參與投標之人應按拍賣公告上之記載準備足額保證金置入投標袋內，未置放足額保證金者，其投標無效（強制執行法第八十九條），開標由執行法官當眾開示，以

參與投標者中，出價最高並高於底價之人得標，金額相同則以當場增加之金額較高者為得標人，無人增加者則以抽籤決定得標之人，無人應買或投標者之出價低於底價時，即為流標，債權人此時可以該次之拍賣底價聲明承受，無人承受或依法不得承受者（如：以前農地限自耕農才能取得；原住民保留地之取得須有原住民身分），則另定期再行拍賣。一般言，再定下次之拍賣日期時，執行處還是會寄發拍賣通知及公告，債權人應速將拍賣公告予以登報之手續仍相同，而其後之第一次減價拍賣及第二次減價拍賣基本上都會以前一次之拍賣底價降百分之二十定為拍賣底價。經第二次減價拍賣仍無法拍定、無人應買或債權人還是不願承受，此時便要進入「特別拍賣程序」，亦即執行處會於第二次減價拍賣期日終結後十日內公告願買受該不動產者，得於公告之日起三個月內依原定拍賣條件（即第二次減價拍賣之條件）為應買之表示，若有人陳報願買受，則執行處得於詢問債權人及債務人之意見後，許其買受，而在前述公告期間內債權人如願意承受者亦相同處理。當執行程序進入到特別拍賣程序後，債權人就要特別小心了，因為以前未修法之前，執行處會每次減價百分之二十，然後一直拍下去，現在就不一樣了，為了避免冗長之拍賣程序造成債權人及債務人雙方之困擾，依強制執行法第九十五條第二項規定：「前項三個月期限內，無人應買前，債權人亦得聲請停止前項拍賣，而另行估價或減價拍賣，如仍未拍定或由債權人承受，或債權人未於該期限內聲請另行估價或減價拍賣者，視為撤回該不動產之執行。」如因此被視為撤回執行，則執行處將會撤銷查封，將不動產

發還債務人，倘至此，則債權人以前所做的一切努力便完全白費。所以講白一點，依照新規定執行處總共只會公開拍賣四次，在第三次與第四次拍賣之間再加一次三個月期間之得為應買之公告，而目前執行程序之常見情形，債權人通常在第二次減價拍賣或最後一次聲請減價拍賣或另行估價拍賣之程序中，便會聲明承受，最晚在第四次拍賣期日當天仍無人應買時一定要到場聲明承受（注意：除了得應買之三個月公告期間內之聲明承受外，債權人聲明承受一定要在拍賣期日到場去聲明才行），以避免被視為撤回執行致生不必要之損害，這也是最近各債權銀行承接不少拍賣不出去之不動產擔保品，在取得權利移轉證明書之後加以整修再拿出來自己公開拍賣之「金拍屋」、「銀拍屋」之緣由。

(六)**拍　定**

在歷次拍賣之過程中，若有人出價拍定，則拍定人（即買受人）應於拍賣期日後七日內將價金繳清，執行處便會發給權利移轉證明書，取得權利移轉證明書之後，拍定人便可以直接向地政機關申請辦理過戶之手續；但依強制執行法第九十八條第一項之規定，買受人是在取得權利移轉證明書之日便取得該不動產之所有權，看起來又好像是不用登記也可以取得所有權，可是民法第七百五十八條又規定：「不動產物權，依法律行為而取得、設定、

喪失及變更者，非經登記，不生效力。」其間之差別何在，可能還要詳加討論一番。不過因為原本之拍賣標的物有查封登記在，債務人也無法再做移轉之登記，地政機關要等到拍定人去辦理所有權移轉登記之時才會一併辦理查封之塗銷登記，而且基本上應該不會有拍定人一直不去辦移轉登記的情形發生吧！

另外要一提的是如果拍定人是拍定農業用地的話，只要憑執行處發給之權利移轉證明書即可辦理移轉登記，因為現在農業發展條例已經在民國九十年修正，不必再像之前還要具備自耕農身分才能買受農地了。但這是直接以投標之方式投標、得標、繳清價款、取得法院發給之權利移轉證明書即可逕行辦理移轉登記之情形，如果是債權人聲明承受的時候，那還要注意增值稅的問題，因為農業用地之移轉如果土地是要繼續供為農業使用，則可以申請免徵土地增值稅（惟將來若被查到未供為農業使用的話就要補增值稅還要被處罰），但債權人聲明承受的時候，法院還是會逕行發函請稅捐處計算土地增值稅，再把增值稅之支出列入分配表內進行分配，此時若承受之拍賣底價本來即已不足清償債權，那聲明承受之債權人便要再掏腰包繳納該筆增值稅之後才能領取權利移轉證明書，這對債權人來說無疑是一筆不必要之支出。如要省下這一筆稅款支出時，便須先向土地所在之鄉鎮市公所農業課去申請農地農用證明書（意思很類似之前的自耕能力證明），目前規費是五百元，還要約時間帶承辦人員去履勘現場，看現場是否確供農業使用，看完現場後約再經過一個星期的公文旅行才能領到，領到後即可持農地農用證明書向稅捐處申請免徵土地增值稅，再

由稅捐處發文通知法院，法院執行處才會把分配表上關於土地增值稅之稅款分配部分予以除去，承受債權人即可不必再多繳納該筆稅款。

㈦製作分配表及發款

在買受人將價款交付法院執行處之後，執行處便依債權人所陳報之債權計算書，加以製作分配表，如債務人及各債權人都對分配表沒意見，那執行處便可將拍賣所得款項予以進行分配，分配後有剩下便交還債務人。而若債權人或債務人對分配表有所異議，那可能又要進行一連串「分配表異議之訴」，要等到訴訟終結確定，執行處才會依該確定判決所認定之結果另行製作分配表及發款。

㈧點　交

法院公開拍賣之標的物（應係指不動產而言，因為若是動產之拍賣則會當場交付而無點交與否之問題）點不點交？這是買受人最要注意的一件事，如果不點交，拍賣公告上便會加以註明，有時漏未註明點交與否，便會產生糾紛，不過買受人一定要自己注意便是；買到拍定後不點交之不動產，如果本來就有第三人承租，那就有可能便要承認原已存在之租約，或係查封之前已存在無權占有之情形，買受人就又要再打排除侵害（拆屋還地最常見）之訴訟，要等到案件確定後再聲請一次強制執行進行強制搬遷，才能真正取得該不動產之占有，其間所花費之精神及體力，絕對會令人「抓狂」，因此，自己是否有此堅強之毅力及能力，在參與投標之前就要審慎評估。以前亦常發生法拍屋被不相干的人強占

而要求拍定人要給付搬遷費之情形（即俗稱之「海蟑螂」），但在檢警強力偵辦之下，近來似乎已經比較沒那麼明目張膽（或是失去新聞的新鮮性，記者已沒興趣再報導也有可能）；而最近新聞經常報導之狀況是就算法院有點交之拍賣標的，在點交之前皆已遭債務人惡意破壞，別墅房屋被拆成廢墟都發生過，當這種情形發生時，拍定人真是欲哭無淚，當真要追究債務人惡意破壞之行為，也要考慮債務人已經什麼都沒有了，怎麼會怕被判刑？就算判了刑又如何，因為根本也拿不到任何賠償，最後當然自認倒楣的還是占多數。只是這樣的情形若讓被拍賣之債務人有樣學樣而一再發生的話，恐怕將來法院拍賣的東西就沒人敢要了，屆時政府的公權力勢必也會遇到空前之挑戰。

㈨債權憑證

當法院執行處將拍賣所得價款依分配表分配完畢之後，債權人若有部分債款未獲得清償，執行處便會發給債權人「債權憑證」（強制執行法第二十七條），此債權憑證仍是一種「執行名義」，將來若發現債務人其他可供執行之財產所在時，仍可據以聲請法院繼續查封拍賣執行，而且以債權憑證聲請執行之案件係原執行案件之延續，所以不用再繳一次執行費。而取得債權憑證之後要注意的是時效的問題，債權憑證之時效與原本取得之執行名義之時效相同，亦即原本聲請執行之執行名義之請求權時效若為五年，則債權憑證之執行時效亦為五年，故在收受債權憑證後，五年之內就算未能發現債務人所有可供執行之財產，亦應在時效完成之前再向法院聲請執行；但是可以直接在聲請狀內載明未發現債務

人可供執行之財產，請求法院逕行另發給債權憑證，此時新取得之債權憑證之時效將重新起算五年，須每一時效週期皆如此辦理，才能將時效一直保留，如果有一天債務人發了，就可以再進行拍賣執行，就算債務人死了，如果他的繼承人不懂得去辦拋棄繼承或限定繼承之手續，到時亦可向債務人的繼承人繼續執行。可是通常債權人忘記的機會較大，一旦忘了而致時效超過，那之前所做的訴訟、執行程序就白費了，全部尚未受償之債權就真的再也要不回，而若要期待債務人良心發現，恐怕就要等下輩子了。若有人真的等到了，請麻煩通知一下，因為這將會成為了不起的案例！

第二章

票據往來應注意之事項

◈ 一、收支票好？還是收本票好？

 案例 ••

　　有人簽發了一紙支票拿來想要向莊董借錢，可是莊董聽別人說本票效力比較好、比較有用，於是莊董就堅持不收支票，非得要對方簽發本票才願意借錢給他。

問題 ••

　　支票與本票有何差別？哪一種比較有用？

解析 ••

　　社會經濟活動之往來，一般除了以現金作為普遍之支付工具外，常見即為簽發支票而後交付、提示、兌現，因為支票須向銀行提示請求兌現，不必再去找發票人請求付款，故而有其一定程度之便利性。但是收受支票最重要的當然是希望到期時能獲得兌現，絕沒有人願意見到所收到的支票遭到銀行退票而無法兌換成現金，所以收受票據一定要注意發票人之債信問題，如果債信不良，已有退票紀錄，或是曾有拒絕往來之紀錄，通常都會令人懷疑該支票要不要收，以及擔心收了會不會跳票？在新票信制度自九十年七月一日起開始施行後，票據交換所就支票帳戶之票據

信用紀錄，提供很多種公開查詢之方法，可以讓收受票據之人得以事先查詢該支票帳戶之來往信用情形，至於要使用何種查詢之方法，則要看個人之習慣及所要查詢之內容而定，不同之查詢方法所能查到之信用資料也有一些差別，我們會在後續之篇章中會另就新票信制度以專章來介紹。

　　而到底是要收支票好？還是收本票好？基本上就此兩種票據之特性，約可以分為下列幾項來觀察之：

(一)**就便利性言**

　　支票到期可以直接向付款銀行提示請求兌現，一般而言，都是存入自己之銀行帳戶提示，經過票據交換所交換之後如未發生退票之情形即可逕行入帳，故而不必再去找發票人要求付款；而本票就不一樣,因為一般本票並無經由銀行提示請求兌現之程序，所以到期時一定要找到發票人（或其他票據債務人，如背書人），才有可能請求其依票上所載之金額付款，若找不到人，或是找到人而發票人不付款，那就等同於是遭到退票，二者在請求兌現之程序上有其明顯之差別。

(二)**就效力言**

　　支票通常是由須要使用支票之人先向銀行開立俗稱甲存之支票存款帳戶，再由銀行製發空白之支票交給開戶之人簽發使用，因為有銀行之介入，故而支票表現在外之型式及效力自有銀行為之把關。而我們一般所謂之本票，因為在書局、文具店就買得到，所以又常被稱為「玩具本票」；其實就算被稱為「玩具本票」，但是只要完成票面上應記載之事項並在發票人處簽名，那依法可是

已經發生完全且十足之效力（票據法第五條第一項規定：「在票據上簽名者，依票上所載文義負責。」），殊不能認為只是「玩具本票」而不當一回事。因此基本上支票與本票在實質之效力上並沒有太大之差別，因為發票人一旦在票面上簽了名，都要為其簽名之結果而負票面所載文義之責任（即無條件須按其上之金額擔保付款），亦即二者間就支付票款之責任是相同的，在債權人據以主張請求給付票款之權利上，其效力亦無差異。

㈢**就退票之催收言**

　　支票退票了，或是本票找不到發票人（或發票人拒不付票款），此時在催收之處理上有些不同。在時效上，對支票發票人之請求時效為一年，本票則為三年，對背書人之追索權言，支票之背書人是四個月，本票則為一年，故依所取得之票據為支票或本票之差別及催收票款之對象係發票人或是背書人而不同，都應該要掌握到請求給付之時效（票據法第二十二條），時效超過了就會遇到債務人之時效抗辯而無法順利取償。而在催收之程序上，支票可以先聲請發支付命令，或是直接起訴請求給付票款也行，二者之差別在於法院收取之規費不同，支付命令收一千元規費，而直接起訴原則上要繳請求金額之百分之一點一之裁判費（依金額多寡而有計算級距）；其次若是時效快到了，亦不適合再聲請支付命令，此時應直接起訴才能避免因為支付命令超過三個月未能合法送達而失效時，發生票據時效已經超過之後果。而本票則可以聲請發本票裁定，因為支付命令不能聲請公示送達，所以一定要合法送達才會確定，而且債務人接到支付命令之後又有二十天之異議期

間，債務人對支付命令提出異議而被視為起訴或是直接起訴都算是一件訴訟案件，所以要繳裁判費用，又要去法院開庭；而本票裁定除了可以聲請公示送達外，因屬非訟事件，所以不須要開庭，因此在催收之時效上，通常本票裁定會較為迅速，但是若順利取得確定證明之後，在強制執行之進行上便沒有效力強弱之差別，一樣都是所謂之「執行名義」，都可以進行強制執行之聲請；另外，在強制執行程序中，以本票裁定聲請強制執行之案件，通常都會被要求提出、交回本票之原本，可是支付命令部分則不會被要求要提出、交回支票原本，故嚴格講在求償之程序上，二者還是有一點差別在。

　　不過有一點要特別注意到的是，若已經先對債務人作出假扣押裁定及假扣押執行之聲請後，因為債權人有提存一筆擔保金放在法院提存所，而將來領回擔保金之方式雖有很多種，惟支付命令確定之後因依法被視為確定判決，所以持支付命令及確定證明書請求領回擔保金絕無問題，但是本票裁定僅是一個非訟事件之裁定，法院並未就本案之法律關係進行實質審查，故其效力並不被視為確定判決，所以不能持本票裁定及確定證明書據以聲請發還擔保金，而要透過催告債務人，請其於法定期間二十日內行使權利，再聲請法院裁定准予發還擔保金，待裁定確定後才能以該准予發還擔保金之裁定及確定證明書領回擔保金（參民事訴訟法第一百零四條第一項第三款規定），這樣多出來的程序當然就複雜多了。

◇ 二、承包工程時，業主要求履約保證，可以簽發支票給他嗎？

案例 ••

莊董向某營造廠承包了一個建築工地的水電工程，在雙方簽定契約時，對方要求莊董要提出履約保證，擬藉以保證莊董將來一定會按照契約之約定完成工程，而其履約保證之方式便是要求莊董簽發一紙金額與全部工程款相同，但到期日空白不填之支票交給營造廠保管，等將來工程完成後再行取回。但是莊董很擔心萬一工程做到一半，營造廠臨時就把日期填上去，然後向銀行提示請求付款時，該怎麼辦？

問題 ••

莊董的擔心是不是杞人憂天？

解析 ••

在工程承攬實務上，業主因為擔心承包工程之廠商不能按承攬契約履行，常見會要求廠商要提出履約保證，一般而言，要嘛就要求廠商找一些連帶保證人一起簽契約，不嘛就要求要簽發銀行的保證支票，或是簡單一點的就叫廠商簽發一張未載發票日（即到期日）之支票交給業主收執以作為擔保；相對而言，廠商也會擔心工程做好了卻拿不到錢，可是通常都是一點保障也沒有，而業主卻常是經濟上的強者，擺出來的總是要做不做隨便你的姿態，

要做便得隨他的意，否則免談，所以在弱肉強食之現實社會裡，契約之公平性其實無法真正令人滿意，有時還真叫人難以心服。

而在以上所述廠商所提履約保證之方式中，由廠商直接簽發未載明發票日之支票交給業主收執之情形是對廠商相當不利的一種方式，因為支票是一種支付證券，依票據法第五條第一項之規定，發票人既然在票據上簽名，便應依票上所載之文義負責，發票人依法即應擔保支票金額之支付，所以一旦簽發出去並交到別人手上，對方隨時都有可能會把支票填上到期日並軋進銀行請付款。雖然支票之發票日（即到期日）係絕對應記載之事項，是否可由發票人授權執票人代填發票日或許存有爭議，但是當對方隨意填上日期而將支票提示後，發票人馬上就要面對的抉擇就是要讓它兌現還是要讓它跳票，有時為了維護票據往來信用紀錄而不得不勉強讓它兌現，則其所受之損害即馬上發生，要想將錢再要回來可就難了；而如果工程進行中係發生可歸責於執票人（即業者）之事件而致承包廠商無法依約完工時，怎麼辦？業者可能非但不承認其錯誤，反強指係承包廠商之責任，並藉此將支票提示以作為損害賠償，那承包廠商不就成了名副其實「賠了夫人又折兵」？除了工程款沒拿到，還為了維護票據信用而無奈支出一筆票款。加上雙方如果因此糾紛而進入冗長之訴訟程序，等廠商把官司都打贏了再回頭要求業主給付工程款、返還已提示兌現之支票金額或其他之賠償時，到那時是否還真能有機會把這些錢拿回來，絕對是個大疑問。

因此，如果無法判斷業主是否真會很講信用，也無法全盤掌

握工程之品質及進度（如又出現再轉包之情形），加上自己之財力並不是那麼雄厚時，千萬別為了急於承包工程而讓業主予取予求，隨隨便便就答應其所開出之條件，一定要多溝通協調。如果真的不行，那爭取個改簽發本票也行，因為本票沒有經過銀行提示請求付款之動作，也就不會有影響票據信用之危險，業者如果強將本票拿去向法院聲請本票裁定，那廠商最少也還有提起訴訟請求「確認本票債權不存在」之機會，等訴訟打完了，確定責任及輸贏之後再來付款也不遲，其急迫性與支票比起來可是相去甚遠。所以，為了避免這許多不必要之紛爭，隨時都要具備最基本保護自己的法律常識才行，最起碼也要先了解其間之法律關係及其嚴重性，才知道要從哪個方向進行談判及協議，切勿草率為之。而且，前述之糾紛情形還僅是發生在契約當事人之間，依照契約去法院打官司或許還會有機會，但若是該紙履約保證支票係經由交付轉讓而落入善意第三人之手時，那問題可就更大了，因為支票是無因證券，對善意之第三人很難去抗辯，打贏官司不付票款之機會很小；更甚者，如果是落入「討債公司」手上，那豈不就完蛋了？所以，當然是要小心才行。

◈ 三、收受票據時要注意票面之應記載事項齊不齊全！

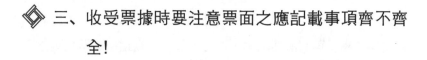

　　莊董因為知道本票之時效是三年，所以為了使時效能更長一

點，便叫債務人簽發本票時不要押日期，連發票日都不要寫，藉以讓他將來要求償時在時效上較有彈性。

問題 •••

莊董的作法看起來很聰明，但是有何後果？

解析 •••

依票據法第一百二十條及第一百二十五條之規定，除發票人之簽名外，本票及支票之應記載事項可分為絕對應記載之事項及相對應記載之事項，爰為說明之方便，將其列表分析如下：

本票部分：

票面應記載之事項	絕對或相對	未記載之結果	備　註
表明其為「本票」之文字	絕對	未記載則不能稱之為本票	當然要有表明為本票之文字記載才會被稱為本票，這是之所以成為本票及據以確定票據種類之絕對必要記載事項。
一定之「金額」	絕對	無法特定出應無條件擔保給付之金額	大概也沒人於簽發本票時敢讓別人自行去記載應付款之金額。
受款人之姓名或商號	相對	以執票人為受款人	如果不想讓票據隨意交到其他任何第三人之手上，將受款人記載清楚並明示禁止背書轉讓即有其絕對之必要。

無條件擔任支付	絕對	票據為無因證券、支付證券，不可以附條件	票據之支付責任如果能附條件的話，那大概就沒人要收票據了，乾脆寫個協議書還可以把條件寫清楚一點。
發票地	相對	以發票人之營業所、住所或居所之所在地為發票地	關係到將來之管轄權屬於哪一個法院。
發票年、月、日	絕對	無效	因發票年、月、日為絕對必要記載之事項，其欠缺將導致本票無效，此部分之記載特別容易被債權人忽略或債務人故意在這裡留一手，以作為日後抗辯用。
付款地	相對	以發票地為付款地	關係將來聲請本票裁定時應向哪一個法院提出聲請。
到期日	相對	視為見票即付	若有記載到期日則票據之請求支付時效即自發票日起算。

支票部分（未指明為「相對」之部分皆屬絕對必要記載之事項，其餘未特別說明者則與前述之本票相雷同）：

票面應記載之事項	絕對或相對	未記載之結果	備　註
表明其為「支票」之文字			
一定之「金額」			
付款人之商號			指發票人開立支存戶之銀行。

受款人之姓名或商號	相對	以執票人為受款人	如不想讓支票交至第三人手上，在支票上劃平行線並指名受款人再加註禁止背書轉讓，則該紙支票即喪失其流通性，除以原印鑑變更前述記載外，無法再以任何方式由第三人提示兌現（但案例上曾出現偽造印鑑而盜蓋除去之情形）。
無條件支付之委託			銀行不可能接受附條件之付款委託，因為完全違背支票之特性。
發票地	相對	以發票人之營業所、住所或居所為發票地	
發票年、月、日		通常即等於到期日	支票上只有記載一個日期，故通常以到期日即約定付款日記載之，而忽略其真正發票之年、月、日，與本票上有發票日及到期日之區分有所不同。
付款地			因為支票都是開戶行所印製，故一般皆載為開戶銀行之地址。

依票據法第十一條第一項之規定：「欠缺本法所規定票據上應

記載事項之一者，其票據無效。但本法別有規定者，不在此限。」
其所稱本法另有規定者即是指相對應記載事項，一般而言，因為
支票係向銀行開設支存帳戶之後，由銀行印製好支票再交給發票
人簽發使用，所以其間有一些絕對應記載之事項事實上都已經印
刷好了，發票人就比較不會錯漏，而且因為支票通常皆須要向銀
行提示請求付款，有了銀行居中管制，應記載之事項簽發錯誤亦
都能由發票人蓋用原印鑑加以修改更正後由執票人再行提示（但
金額之記載依法不能改），所以會產生的問題較少。而在本票之簽
發及收付方面，因為少了銀行之介入，所以當事人便要自己小心，
最常出狀況的是為一時之方便而漏掉記載發票日，或是以為有到
期日就好了，發票日沒寫沒關係；有時發票人是無心，但最擔心
的是發票人根本就是故意的，因為這種發票人的法律常識程度很
好，明知道未記載發票日之本票因欠缺絕對應記載之事項而無效，
執票人拿了也不能聲請本票裁定，就賴皮等執票人提起訴訟了再
來胡亂答辯一通，時間拖得越久，當然對發票之債務人不會有損
失，但執票人可就要為之氣結了，所以一定要注意此細節才行。

◈ 四、沒有親眼看到發票人或背書人簽名或蓋章，
　　很危險！

案例 ••
　　有人拿著支票來向莊董調現（即以支票換現金之借貸），莊董

發現並非其本人所有之支票，然該人稱係客戶所交付用以購買貨物之客票，而莊董向銀行照會後也查明該帳戶之往來正常，所以就將該支票收下了。但是當支票到期而向銀行提示請求付款時，竟遭到銀行以「印鑑不符」為理由而退票，經再與發票人聯繫，發票人卻告知該紙支票之印鑑章非其所有，支票亦非其所簽發，故其不必負給付票款之責。

問題 •

該紙支票之發票人真的不必負責嗎？

解析 •

　　遇到有人拿著他人所簽發、較為遠期之支票，亦即所謂之「客票」，以急用及周轉為由要求給予「票貼」、「貼現」（亦即用他人之支票作為清償之擔保來借貸現金，而通常因為加計利息之關係，所以不會全額借貸，其差額即為債權人所賺取之利息），等到支票所載之到期日時，再由執票之債權人向銀行提示兌現以拿回本金及利息。在這種情況下，支票到期兌現了自然沒什麼問題，但是貸與金錢給予票貼之債權人，在到期日之前勢必會先面臨到該支票會不會被退票的虞慮。俗謂「你要人家的利息，人家要的可是你的本金」，其間之利害關係即不難得知，所以貸與之債權人是否能承擔得起這種風險，恐怕就因人而異了。

　　退票還可以用退票的方式來處理，但是除了退票之外，通常還會遇到的就是發票人主張該支票係遺失並已掛失止付或係被他人所偽簽。支票已掛失止付之情形容後有專文介紹，本篇所要討論的是如果該支票（本票亦同）確實非發票人所親自簽名之狀況，

因為有時收受票據之人根本就與發票人不相識,而拿支票來票貼、貼現之人就算把發票人之信用狀況講得口沫橫飛,事實上收受票據之人還是無法確定該支票之簽名是否為發票人所親簽,而票據法又規定在票據上簽名之人,才須為票據上所載之文義負責(票據法第五條第一項);就算票據上所載確係發票人之姓名,但是該姓名並非其本人所簽署,則該名義人本人還是不須負擔票據責任,而交付支票之人若係偽簽之人,則其已觸犯偽造有價證券之罪刑,將被處三年以上十年以下之有期徒刑,然而回到現實面來說,該偽造他人支票用以向他人票貼借貸金錢之人就算被判刑並入監執行了,對執票之債權人來說根本就毫無意義可言,因為可肯定的是錢已經要不回來了。所以根據經驗,除非事先查詢過該支票帳戶之信用情形,並儘可能照會一下發票人以證實該支票為其所親自簽發,否則筆者對於由發票人以外之人所交付之支票是完全沒信心的,就算交付之人有在票後背書亦然。

個人票是如此,公司票就更不用說了,因為除了股票上市公司之外,可想見的是很多公司行號基本上都是無恆產之空殼子,其資本額並未由發起人實際向股東收取之,就算確實向股東收齊了,也不見得會真的成為公司之資產;而更常見之狀況係擬成立公司之人,除將股東名冊提交給承辦之會計師之外,其餘就不再過問了,所有之設立登記程序全交給會計師全權負責,公司資本證明亦由會計師負責找金主提供,其後再按日計付利息,如果是這種情形的話,要向公司行號催收票款時,如負責人本來就有跳票之惡意,則追訴請求清償票款成功之機會可說是微乎其微。因

為依照公司法之規定，各股東對於公司之責任係以其出資額為限（此係指股份有限公司及有限公司之股東），故而基本上公司就算負債累累，股東最多也只是賠到出資額賠光為止，也不會影響到個人之資產，此時公司負責人會很聰明地先去把積欠政府之稅款清掉，因為積欠稅款有可能會被拘提、管收、限制出境，至於其餘的債權人就先擺一邊，還不清、還不起就算了。而且成立、設立公司都可完全由會計師代勞，造成公司負責人心態上總難脫與其努力清償公司債務，還不如再重新申請一家來得方便。由此可想而知，要對公司追償債權會有多麼困難，所以，收公司票，不論是否為負責人所親自簽發，當然都不能太放心。

五、可不可以幫別人之支票背書?

案例 ....

　　莊董有一好友曾經有退票紀錄，以致最近簽發的支票都不太被人接受，於是為了使他人能對其所簽發之支票增加信心，便央求莊董做其支票之背書人，莊董的個性向來是為朋友兩肋插刀，不假思索即背書簽名其上，無奈好友卻撐不過景氣寒冬以致跑路去了，該紙支票就真的退票了。

問題 ....

　　背書人對支票要負什麼責任?

解析 ....

　　這個題目要先下個結論，那就是：能推一定要推，如果能不

幫別人背書，就一定不要幫他背書，否則一定是自找麻煩。

　　背書人之責任基本上與發票人相同，都是要為該紙支票之票載金額負無條件支付之責任，所以，當要為某張支票背書時，自己一定要有個心理準備，那就是一旦該紙支票因為發票人之原因而遭到銀行退票之命運時，背書人隨時都有被執票人請求依法支付票款之可能，在這種情形下，其實就跟對該紙支票做保是一樣的。常聽說人呆才會去給人做保，所以，幫別人所簽發之支票背書，與幫人做保是一樣呆，很難分出誰比較呆；不過支票之給付義務也僅止於票載金額，其金額是確定的，也就是責任範圍是固定的，也許這會讓人稍微安慰一點。但是另外言之，如果是基於自己之原因，而有將取自於發票人之支票交付轉讓予第三人之必要時，他人一般也會要求交付的人要在票背背書，這種作法對於收受票據之人絕對是一個合法權利之主張及要求，因為如此一來除了多一個可以追索票款之對象外，也是證明票據流通之流程及自己取得票據來源之重要證據，可以免除一些不必要之麻煩（會有些什麼麻煩另篇再介紹）。

　　如果基於自己經手轉讓之原因而背書當然是無法拒絕的，相反地在不得已之情況下而須幫別人所簽發之支票背書時，是不是一定就沒救了？如果執票人在退票之後四個月內行使追索權（票據法第二十二條：對支票背書人之追索時效為四個月），出面要求背書人負支付票款之責任，那基本上除了直接前後手間之原因抗辯關係外，基於支票係屬無因證券，執票人無須證明取得支票之原因，所以應該是沒救了；不過有一個例外，就是執票人並未遵

守提示之期限向銀行提示支票，此時背書人就可以免除責任。依票據法第一百三十條規定：「支票之執票人，應於左列期限內，為付款之提示：一、發票地與付款地在同一省（市）區內者，發票日後七日內。二、發票地與付款地不在同一省（市）區內者，發票日後十五日內。三、發票地在國外，付款地在國內者，發票日後二個月內。」因為臺灣太小了，所以通常在國內收受票據，其提示之期限皆為發票日後七日內，因為支票只記載發票日，未另外記載到期日，是以一般而言發票日就是記載為到期日，所以也就是支票到期了，一定要在七日內向銀行提示請求付款，否則依票據法第一百三十二條規定：「執票人不於第一百三十條所定期限內為付款之提示，或不於拒絕付款日或其後五日內請求作成拒絕證書者，對於發票人以外之前手，喪失追索權。」一旦超過提示之期限，則執票人僅剩下向發票人請求票款之權利，而無法再向背書人行使追索權以請求給付票款。此點不論是執票人或是背書人都應特別注意，因為執票人若未及注意，則會因請求對象錯誤而浪費訴訟程序及時間，而背書人則可藉此主張免除支付義務，且是絕對有效之抗辯事由。

◈ 六、要不要請交付票據之人背書？

 案例 ●●

　　莊董的房客拿了一張據稱是客戶所交付的支票來支付房租，莊董向銀行照會後證明該支票帳戶往來正常，於是就直接把該支

票收下，在等到支票到期後，便將支票存入帳戶託收以向付款銀
行提示請求兌現。無奈該紙支票竟被退票，因為發票人早以遺失
為由將該支票辦理掛失止付，而經銀行通報後警察便通知莊董前
往警察局製作筆錄說明支票之來源，惟莊董據實以告後，該房客
被通知到達警察局後竟否認曾經手該紙支票。

問題 ••

　　收受他人交付第三人所簽發之支票時，要如何保護自己？

解析 ••

　　先下個結論：收受不知來源之「客票」，一定要請對方在支票
背面背書，才不會被他否認曾經手。

　　因為支票是一種「支付證券」，一種「流通證券」，故而可以
拿來當做給付金錢的工具，但是當對方要交給您的支票並不是他
本人所簽發，而是其他第三人所簽發之「客票」時，要不要收？
收的話要注意什麼事？

　　大體而言，如果該簽發票據之第三人係熟識之人，那可視您
對其熟識之程度來決定要不要收。如果完全不認識，那就應該向
支票之開戶銀行查詢該支票帳戶有無退、補紀錄，甚至是否已拒
絕往來，這些細節都可以先行徵信查明；倘若經照會徵信之後證
明該紙支票帳戶往來沒有問題，基本上便可以將該支票收下。但
是，因簽發支票之人是我們所不認識之人，交付的人係如何取得
該紙支票也是個疑問，縱使該支票帳戶沒有問題，惟該紙支票本
身卻仍然可能會有問題，因為一來可能涉及是否有偽造的情形，
此時發票人便會主張未在支票上簽名故對該支票不用負責，二來

亦有可能發生該紙支票係已經掛失止付之狀況,若為後者之情形,則持票人一旦處理不好,交代不清,甚至交付支票的人否認有交付的事實,這時候持票人就有可能由證人而被轉換成犯罪嫌疑人。

為什麼會如此說?因為當票據發生被竊或遺失、滅失之情形時,票據權利人需向銀行辦理掛失止付之手續,而銀行將來發現有人出面提示請求兌現他人已經掛失止付之支票時,便會通知警察前來處理。而依警察辦案之程序,向銀行提示請求兌現票款之人也就是持票人,一定是第一個被警察調查之人,警察便是由持票人開始往上追查,一個接一個把前一手之人交代出來後,最後一定可以追出該紙支票究竟是誰所偷竊或拾獲,偷竊的人便以竊盜罪移送法辦,拾獲之人便以侵占遺失物之罪名移送法辦;相對地,若是最後發現事實上是發票人以掛失止付之方式惡意阻止該紙支票被持票人兌現提領,則發票人便會被警察以誣告罪移送法辦,也就是最終一定會揪出罪魁禍首,也當然一定要有人負起責任。

因此,不論您是持票人也好,或您是輾轉交付支票的前任一手都好,發生這種狀況的時候,當您的後手向警察說明該支票係由您所交付時,您一定要有辦法證明該紙支票之來源為何,也就是要明確交代您的前手是誰,否則,您一定會成為最後的代罪羔

羊；如果不想成為代罪羔羊，就一定要把前手交代清楚才行。而此時有一個大問題便產生了，如果您的前手未曾在該紙支票上背書，又否認係其交付該紙支票予您，這時候該怎麼辦？除了您還有其他堅強、明確之證據（人證、物證都可以，如有人在場見聞，或是另外立有協議書等）外，恐怕這場官司是免不了了，而且將是一場有理說不清的官司。

所以，在現在這種複雜的社會裡，並不是全憑互相信任便可以免去一些不必要的麻煩，更加需要的絕對是未雨綢繆及防患未然，證據的蒐集及保存，將是明哲保身的不二法門。為此，收受他人所交付之客票時，除了立有其他明確之協議書或收據而可以在其上加以載明票據內容之外，儘可能應讓對方在票據背面簽名背書，一來可讓其負背書人之責任，退票了也可向其行使追索權，二來可免去其將來否認交付支票之可能性。提出這個案例之原本事實即係發生在房客交付客票給房東用以支付房租之情況，剛好該支票是他人已辦理掛失止付之支票，房客撿到了，沒有背書就直接交給房東去提示，而事發後又否認有交付之事實，該房東因為沒有相當之證據可以證明支票係由房客所交付，最後即因而蒙上不白之冤；雖然還不至於會因而被法院判處重刑，但也不得不慎。而在其他法律關係之交付情況下，亦難保不會發生，然此等不利之狀況既然是可以事先預防的，當然就要特別加以注意才行。

◇ 七、好朋友來借支票，借不借？

案例••

　　朋友開了一張支票想來跟莊董換票，理由是別人不願意收他的票，卻指名如果是莊董的票就收，於是莊董認為很受抬舉，而且心想只是以票換票而已應該無所謂，一高興就換給他了。可是到了到期日時，朋友的支票竟然退票而且人去樓空了，而自己所簽發的支票卻早已讓他人完成兌現手續了。

問題••

　　以票換票只不過是一張換一張而已，有那麼嚴重嗎？

解析••

　　常有人為了向第三人「貼現」上之方便，於是簽發自己之支票去跟別人換票，然後再拿該第三人之支票去「票貼」。出現這種情形時應該要特別注意，因為把支票借給別人本來就是一件非常危險的事，有人抱著一種想法是反正如果他拿來的支票不能兌現，那我簽發出去的也可以讓它跳票，如此一來就沒什麼損失了，如果是抱著這種想法而同意借票或換票的話，那一定會吃大虧。為什麼？第一、拿票來換的人本身之信用一定有問題，所以別人對他的票不放心，才會要求他去拿別人的票來貼現，別人都已經不要的票你還要嗎？第二、一旦對方的票無法兌現，你也同樣讓自己的票跳票，不讓第三人兌現，此時便要承受票據信用受損之傷害；第三、執票人係善意之第三人，而你依法須為該紙支票負發

票人之支付票款責任，執票人出面起訴請求支付票款時，根本無法用換票之人亦退票為理由來對抗執票之第三人，顯然、肯定要受到敗訴之判決，至此，自己之財產還是會有被查封拍賣之可能。

據上，如果你簽發支票借給別人或是跟他人換票，而你也認定該支票之票載金額就算是賠掉了也無所謂，甚至該人的票兌不兌現都沒關係時，當你確實有這樣的認識時，那你可以毫無顧慮地把支票簽發出去，否則，請你不要做傻事。要再強調的是，在前述所示互相換票之情況，若真遇上不想先損失票款，又無法兼顧票信而非要將自己開出的支票擋下來之情況時，此時只要不把錢存進支存帳戶，讓支票以存款不足退票即可，絕不能用遺失或被竊等理由去辦理掛失止付藉以讓支票退票，否則當執票人提示支票而被退票後，自己絕對會因而多一條誣告罪；雖然不會被判得太重，但只要能達到同樣的效果，何必去選用不適當的方法呢？

◈ 八、新票信制度簡介

票信管理之新制，已經自九十年七月一日開始實施，其間所規定之內容與過去有些變動。其基本上對支票使用者影響最大者，應該是在支票退、補紀錄上之註記措施，以前可以「註銷」紀錄者，現在都改為「註記」，也就是發生退、補紀錄時，該退補紀錄將一直留存在你的信用來往紀錄上供大眾公開查詢，這對支付能力良好並重視票據信用之人來說，其實並無重大之差別，但是應該特別注意擔心的是一時疏忽、忘記而導致跳票的狀況，因為就

算是疏忽，其所造成之退票紀錄仍是會被留存而不會被註銷。

　　為了讓讀者對新票信制度有一認識及比較，特引用由票據交換所取得之資料供為參考之用：

項　目	新　制	舊　制
依據	以存戶與金融業者間，以及票據交換所與金融業者間之約定，予以規範。	以行政命令規定。
退票註銷（註記）期限	退票後三年內清償者，均可由票交所註記其日期，但不「註銷」其紀錄。「註記」之資料，可提供查詢。	退票後七個營業日內清償者，可由票交所「註銷」其紀錄。已註銷之紀錄，不提供查詢。
應向票交所辦理註銷（註記）之退票理由	存款不足、簽章不符、擅指金融業者為本票之擔當付款人、本票提示期限經過前撤銷付款委託。	存款不足、簽章不符。
備付退票款保留期間	備付款留存帳上自退票日起算未滿三年而動用者，列作拒絕往來張數計算。	備付款留存帳上自退票日起算未滿一年而動用者，列入拒絕往來張數計算。
拒絕往來通知方式	各金融業者以電子媒體提回拒絕往來資料，將當週拒絕往來資料上臺北票交網站，免費提供查詢。	拒絕往來資料登載於經中央銀行核定之日報。
拒絕往來期間	自票交所通報日起算一律三年。	自票交所公告日起算，分三年、六年或永久。
暫予恢復往來再發生存款不足退票	自票交所通報日起算重予拒絕往來三年。	應重予拒絕往來，拒絕往來期間為自拒絕往來日起算六年。
解除拒絕往來之條件	拒絕往來期間屆滿或屆滿前，將構成拒絕往來及其後所發生之退票全部辦妥	拒絕往來期間屆滿，主動解除，得申請恢復往來。

	清償註記，主動解除，並均得申請恢復往來。	
票據查詢方式	書面、網路、語音。	書面。
票信查詢內容	書面、網路查詢，除提供被查詢者三年內列管的退票紀錄，也可提供清償註記及退票明細。語音查詢則提供有無拒絕往來及一年內存款不足退票與清償註記之張數。	提供有無拒絕往來及一年內未經註銷之退票張數。

◈ 九、支票掉了怎麼辦?（公示催告及除權判決程序簡介）

案例 ·······································

　　莊董簽發了一張支票準備拿去支付貨款，可是到達目的地後卻怎麼找都找不到那張支票，莊董跟客戶說抱歉，並表示他隔天會再開另一張送來，而找不到的那張支票，莊董認為因為已經有指名受款人及禁止背書轉讓之記載，別人根本無法提示請求付款，所以可以不用辦理掛失止付之手續沒關係。

問題 ·······································

　　支票掉了，要如何完成應有權利之救濟程序?

解析 ·······································

　　支票掉了怎麼辦? 趕快撿起來啊! 不好意思，這只是腦筋急轉彎的答案，事實上對真正把支票給弄丟了的人來說，一連串的

非訟程序正等著折磨你呢！為了一張還沒提示之支票弄丟了，你可能要花六個月以上的時間，辦完好幾道手續，才能拿到原來的票款，相對於只要向銀行提示、經過交換之後，頂多二、三天款項就能入帳，馬上有錢可以運用之情形，這還不算是一場惡夢嗎？

㈠**為什麼要聲請公示催告及除權判決？**

當事人因支票、本票、匯票、股票（現多用集保制度、用帳戶管理，故問題較少發生）或其他得以背書轉讓之證券，因遺失、滅失或被竊而喪失占有時，票據或證券之權利人為了能向付款行庫領取票據金額或向發行股票之公司申請另行發給股票，便應辦理掛失止付、公示催告及除權判決之手續，需完成此一連串之法定程序，始能回復已喪失之權利。

㈡**如何辦理公示催告？**

⑴票據應先向付款行庫辦理掛失止付，股票則向發行公司辦理掛失手續，依票據掛失止付處理準則第四條規定，通知止付人應於通知後五日內向付款行庫提出已為聲請公示催告之證明（已向法院聲請公示催告之收狀條或蓋用法院收文章之聲請狀即可），否則止付通知失其效力，而且通知止付人不得對同一票據再為止付之通知。

⑵法院提出公示催告之聲請狀（聲請人需與通知止付人相同），如係支票、本票，則需依以下之案例將票據之發票人、帳號、票面金額、到期日、支票號碼等內容書寫清楚並表明遺失、滅失之原因即可。

　　民事　公示催告聲請　狀

聲請人　○○○　住○○縣○○鄉○○路○○號

送達代收人　莊守禮律師　住桃園縣桃園市中山北路五十二號　03-
3317600

為請求公示催告事：

緣聲請人○○○持有第三人○○○所簽發臺灣銀行桃園分行第○○支
存帳號，票號為○○○號，到期日為○○年○月○日，票面金額為新
臺幣壹拾萬元之支票乙紙，惟屆到期日前竟遍尋不著，顯然已經遺失，
因該支票屬於得依背書轉讓之證券，故依民事訴訟法第五百三十九條
第一項之規定，為聲請除權判決以利請求銀行將款項兌現，即有先行
聲請准予公示催告之必要，為此狀請

鈞院鑒核，准予公示催告，實為德便。

證據：

證一：原遺失之支票影本。

證二：掛失紀錄單影本。

　　謹　狀

臺灣桃園地方法院民事庭　　公鑒

中華民國　　九十三　　年　　○　月　　○　日

　　　　　　　　　　　具狀人：○○○

　　⑶接到法院寄發之公示催告裁定後，應詳細核對內容有無錯
誤，如有錯誤應儘速再具狀請求更正，再將裁定內容全文登報，
登報時基本上不限哪家報紙，只要是全國發行的報紙並登載於全
國版即可（報紙廣告有分全國版及地方版，有在國外發行的還有
海外版，若對身在國外且不知送達處所之人為公示送達便須登海

外版），切不可貪便宜隨便登在連管轄法院所在縣市都沒發行之地方報上，萬一被發現就白登了；如登報後才發現錯誤，亦應請求法院裁定更正，並應將更正之裁定再登報。登報後將全份報紙（不要裁剪）留存，並寄送一份予法院之原承辦股附卷，銀行有時也會要求當事人應將登報之報紙寄回一份或二份備查，如未登報則將來不得聲請除權判決。

㈢**如何辦理除權判決？**

　　⑴自最後登報之日起算，以公示催告裁定內所載之申報權利期間為準，在期間屆滿後之三個月內，持公示催告之裁定及登報之報紙向法院聲請除權判決。例如公示催告裁定記載申報權利之期間為六個月，則應於登報之日起六個月後之三個月內聲請除權判決，亦即登報之後不能超過九個月就要向法院聲請除權判決，如超過九個月即不能再聲請除權判決，此時應再重新登報，並在申報權利之六個月期間經過後再行聲請除權判決。

　　民事　除權判決聲請　狀
聲請人　○○○　住○○縣○○鄉○○○路○○號
送達代收人　莊守禮律師　住桃園縣桃園市中山北路五十二號　03-3317600

為聲請除權判決事：

一、聲請標的及法律關係
　　請求判決○○○所簽發臺灣銀行桃園分行第○○支存帳號，票號為○○○號，到期日為○○年○月○日，票面金額為新臺幣壹拾萬元乙紙之支票乙紙無效。

二、聲請之原因

緣聲請人持有○○○所簽發臺灣銀行桃園分行第○○支存帳號，票號為○○○號，到期日為○○年○月○日，票面金額為新臺幣壹拾萬元之支票乙紙，惟屆到期日前竟為聲請人所不慎遺失，前除向銀行辦理掛失止付之手續外，並向　鈞院聲請准予公示送達（證一，公示送達之裁定影本），且已於民國○○年○○月○○日登載○○時報第○版催告在案（證二，報紙正本乙份），自登載新聞紙翌日起迄今已逾六月，申報權利之期間業已屆滿而無人申報權利，為此依民事訴訟法第五百四十五條第一項之規定，狀請鈞院鑒核，准為除權判決宣告該等支票無效，以利請求付款銀行為該支票款項之兌現，實為德便。

證據：

證一：公示送達裁定影本。

證二：登報報紙乙份。

　謹　狀

臺灣桃園地方法院民事庭　　公鑒

中華民國　九十三　年　○　月　○　日

　　　　　　　　具狀人：○○○

（2）送狀後法院會通知開庭，再依民事庭所發開庭通知指定之時間準時出庭（通常只會開一次庭），其實開庭時法官通常只問「找到沒」一句話，當事人一定說「沒找到」，之後法官即宣示辯論終結定期宣判。宣判日當事人可以不用到庭，過一陣子聲請人會收到民事庭寄發之除權判決書正本，待上訴期間經過、全案確定後會再發給確定證明書，之後即可持除權判決之判決書及確定證明

書向付款行庫領取票據金額（股票遺失的話即向發行股票公司申請另行發給股票）。

　　其次，原本依票據法之相關規定，在支票上指名受款人並記載禁止背書轉讓後，該紙支票即會因此而喪失其流通性，僅有被指定之受款人才可以請求兌現，所以票據權利人遺失票據時常因而疏忽未辦理掛失止付之手續；然而在實際發生之案例上，在票據遺失後卻出現被人盜刻印鑑並將禁止背書轉讓之記載予以塗去，然後透過人頭帳戶提示兌現票款之情形，最後因為是人頭帳戶，所以無法循線追查以將歹徒繩之以法。這雖然是非常例外之狀況，但畢竟還是發生了，據此，雖然有指名受款人及禁止背書轉讓之記載，一旦票據遺失時，最好仍應將掛失止付、公示催告及除權判決之程序辦理完成。

◈ 十、支票退票了怎麼辦?（聲請支付命令程序簡介）

案例 ●●●●●●●●●●●●●●●●●●●●●●●●●●●●●●●●●●●●●

　　莊董收到的支票跳票了，發票人又避不見面不願負責，莊董想要對發票人提出告訴，卻不知該如何進行?

問題 ●●●●●●●●●●●●●●●●●●●●●●●●●●●●●●●●●●●●●

　　如何用法律之程序請求給付票款?

解析 ●●●●●●●●●●●●●●●●●●●●●●●●●●●●●●●●●●●●●

　　支票退票了，很明顯的，除非是發票人忘了放錢進帳戶內而

請您再重行提示一次，或是將來有錢而良心發現後出面清償並收回支票，否則這張支票重新獲得兌現之機會可說是微乎其微，因此其後要進行的便是一連串的催討程序，而最簡單之方式便是由執票人直接拿著該紙退票之支票去找發票人請求付款，或是直接找其他有在票據背面背書之前手行使追索權。這種方式雖然最快速，但是遇到賴皮鬼或是避不見面的人，基本上應該是無法發揮作用的，因此便有必要進行下一個步驟。

下一個步驟，客氣一點的便先發張存證信函催告一下，一來打聲招呼，二來存證信函也可以作為將來起訴時附入起訴狀內之證據，可以用來證明除退票之外，權利人確實也已經向債務人催討過了。而存證信函也是最簡便之催收工具，一般即是先至郵局購買存證信函用紙（中華郵政的網站可以下載電腦用的版本，已經改成 A4 尺寸之紙張，設定一格打一個字，印出來蠻漂亮的，但是如果寫太多張就不太好用，因為目前在使用經驗上發現單寫一張就要用一個電腦文件檔，無法在一個檔內放入兩張，因此造成在語句之銜接及修改上會比較煩瑣一點；但是原本存證信函之設計就不是提供作為長篇大論使用的，因此在書寫上只要簡單明確，意思到了就好，不必想一次就要把對方寫給他死。其實對方是死不了的，而且郵局係用張數計算存證費，所以點到就好），依照存證信函用紙上面所示之格式一一填入，簡單扼要，意思到了即可，但應避免用到恐嚇、謾罵之言詞。存證信函一式三份，可以複寫，也可以寫完後先影印再蓋章（切不可顛倒，因為印章是蓋用紅色印泥，先蓋了再影印就變黑色了），然後再書寫郵寄之信封及回執，

持向郵局之櫃臺辦理，繳納存證
費之後一份寄給對方，一份郵局
留存證明，剩下一份則由寄件人
帶回存底以備將來之需。如對方
有收到，則數日後回執會退回給
寄件人併原存底之存證信函即
可以證明對方已收到催告之意
思表示；如對方未收或拒收，則

郵局會將整份存證信函完封退回給寄件人。

　　寄了存證信函，對方也收了，可是就是不為所動，此時就要
再進行下一步驟了。下一個步驟可以選擇繳納裁判費而直接提起
民事訴訟，請求判決對方應支付票款，只要支票是對方所簽發無
誤，而對方出庭又提不出合理之抗辯理由時，請求給付票款之訴
訟尚不至於拖延太久；或是如果判斷對方應該不會對票款債務提
出異議，就可以用較為簡便之方式，先行向法院聲請發給支付命
令，支付命令之聲請狀書寫之方式如下：

　　民事　支付命令聲請　狀
訴訟標的金額：新臺幣參拾萬元正
聲請人（即債權人）○○○　　住○○縣○○市○○路○○號
相對人（即債務人）○○○　　住○○縣○○市○○路○○號
為聲請發給支付命令事：
一、請求之標的並其數量
　　債務人應支付債權人新臺幣參拾萬元正及自民國九十二年九月二

十七日起至清償日止按年利百分之六計算之利息。(利息起算日可以用支票所載之到期日,若延後才向銀行提示,則用退票日即可,請求給付票款之利息依法定利率為百分之六)

程序費用由債務人負擔。

二、請求之原因及事實

查聲請人持有相對人所簽發之支票乙紙,票面金額為新臺幣三十萬元,到期日為民國九十二年九月二十七日,惟屆期提示竟遭存款不足退票,其後幾經催還未果,是以本件即有督促其履行之必要。(每一案件之事實經過情形都有所不同,只要大致陳述清楚即可,不必要求長篇大論或鉅細靡遺)

三、應發支付命令之陳述

本件係請求給付一定之金錢,並有支票影本及退票理由單影本為憑,為求簡速,特依民事訴訟法第五百零八條之規定,狀請

鈞院鑒核,迅賜對債務人發給支付命令,限令如數清償本息,並負擔督促程序費用,實為德便。

證據:

證一:支票及退票理由單影本。

　謹　狀

臺灣桃園地方法院民事庭　　公鑒

中華民國　　九十二　　年　　十　　月　　十　　日

　　　　　　　　　　具狀人:　○○○

　　　聲請發支付命令的規費自九十二年九月一日起要調高為一千元,此調高之結果對於銀行信用卡的催收業務一定會造成相當之衝擊,因為銀行在支付命令的使用量較大,相對要先支付此筆增

加的規費後又不知能不能把欠款催回，心裡面總是有點不樂意；而對一般之債權人而言雖會增加負擔，但是一輩子用不到幾次，反彈應不大，不過調高規費之後依規定就可以不必再附郵票，這或許多少會讓人心理平衡一點。法院分案之後會依聲請之要旨繕發支付命令，一份寄給聲請人，一份寄給債務人，在法院寄出支付命令之後，便要分幾種情形來說明其應對之方式：

(1)對方收受支付命令之送達，合法簽收後，在二十日內未聲明異議，則支付命令即告確定，依民事訴訟法第五百二十一條之規定，支付命令即與確定判決有同一之效力，而一般言法院便會主動再寄發確定證明書給聲請人；但是如果等太久沒下文，即有必要再寫個聲請狀催一下，才能早點收到確定證明書。

(2)對方收到後在二十日內聲明異議（依民事訴訟法第五百十六條第一項規定異議得不附理由），則支付命令無法確定，此時便要再等法院下一步之通知。有可能先通知聲請人補繳裁判費，等聲請人補繳後再通知開庭，也有可能一併寄發開庭通知書順便限期叫聲請人補繳裁判費，或是開庭時再叫聲請人（此時已成為原告）補繳，然後全案便成為一個訴訟案件，須由法官調查審理再下判決。開庭前最好先準備一份準備理由狀，將原來支付命令聲請狀所載之內容再行補充，主要是要把請求權基礎予以明示出來即可，狀紙形式則要比照一般之民事起訴狀來進行部分修改。

(3)如果對方住所遷移不明，支付命令遭退回而無法送達，法院會通知聲請人應至戶政事務所申請相對人最新之戶籍資料再呈報給法院。聲請人持法院寄來通知要補正債務人戶籍謄本之公文

即可至戶政事務所申請發給相對人最新之戶籍謄本，拿到戶籍謄本後再呈報給法院，如發現係新址（即與原聲請狀所載之送達處所不同），則法院會按新址再為送達，送達到，則程序即與前述二項相同，若再送達不到，則恐怕只好提起訴訟了，因為依法支付命令於三個月內無法送達債務人時即失其效力（民事訴訟法第五百十五條）；而若係查報債務人之住址與原聲請之住址相同，因見於前次已送達不到，再次送達恐怕也未能如意，自然是逕行提起訴訟為妥，否則通常都只是白拖時間而已（若戶籍謄本所載債務人最新之住址與原聲請狀相同，有時幸運的話法院也會直接發給確定證明書）。而且不要希望用公示送達之方式來送達支付命令，因為依民事訴訟法第五百零九條之規定，如聲請人應為對待給付、向國外為送達或係須以公示送達為之者，皆不得聲請支付命令，所以當自己判斷已確知無法順利將支付命令送達相對人時，在時效之考量上，直接起訴會比多一道聲請發支付命令之程序還來得經濟，甚者如果請求權時效已經快到了，就不必再花時間去聲請支付命令，一定要直接起訴才好。申請戶籍謄本後若是發現債務人之新址已搬離原聲請法院之轄區時，因為一般言支付命令係專屬債務人住所地之法院管轄（民事訴訟法第五百十條），此時因為管轄已經發生錯誤，所以便要另向管轄法院重新聲請過，不必再苦等確定證明書了。

　　不論是經對方異議後提起之訴訟或係直接提出民事訴訟，其後都要經過法官開庭審理之程序，經法官判決之後，還要看對方是否提出上訴，未上訴則全案確定，也可以拿到確定證明書，若

對方提出上訴，則還有下一審之程序要進行，拿到確定證明書之希望也就遙遙難期了（久歸久，但畢竟應該不會無期才是，等久了還是等得到，只是到時候債務人早就脫產脫光光了，拿到勝訴判決也是白忙一場；所謂遲來的正義不是正義，因為對債權人而言，他要的是能把錢要回來，而不是要那紙判決書）。

◈ 十一、支票退票可以告他詐欺嗎？（刑事告訴及附帶民事訴訟程序簡介）

案例 ••

莊董按照前篇所述之做法，將被跳票之支票依規定辦了支付命令之手續，也拿到確定證明書了；但是經向國稅局申請查閱發票人之財產資料後，發現對方根本就沒有財產可以供查封拍賣。莊董認為被對方騙了，一氣之下便具狀向地檢署提出詐欺之告訴。

問題 ••

支票跳票是不是一定就會構成詐欺罪？

解析 ••

在以前票據法之規定對於簽發支票後卻任意讓它退票之人仍設有刑事罰則之時，三不五時便聽到有人因為違反票據法之規定被判刑而入監服刑，現在則常有人說：「現在沒有票據法了，所以退票才會這麼多。」這句話聽起來有點怪怪的，事實上票據法本身仍還在適用，只是廢除了關於票據刑罰之規定而已，所以票據法

本來就還在，千萬別誤解成現在已經沒有票據法了；然而現在沒了票據刑罰之規定，便不會因為單純支票退票就被判刑入監，那退票這麼多怎麼辦？事實上國人本來即不會太重視票據信用，加上近來因為經濟不景氣，也直接造成退票率居高不下，因此，如果要回答支票退票可不可以直接告發票人詐欺，恐怕就要先打一個大問號。

依刑法第三百三十九條第一項關於詐欺罪之基本規定為：「意圖為自己或第三人不法之所有，以詐術使人將本人或第三人之物交付者，處五年以下有期徒刑、拘役或科或併科一千元以下罰金。」依照本法條要來檢視一個人的行為是否涉及詐欺罪嫌，除了主觀之犯罪意圖外，便還要考慮好幾個要件：第一、要有使用詐術的行為；第二、要使他人因而陷於錯誤；第三、被害人因此錯誤而交付自己或第三人之物；第四、行為人因而獲得不法利益；第五、被害人因而受有損害。因為本法條之構成要件相當嚴格又時常舉證不易，要想告一個人詐欺，並不如想像中那樣簡單，所以實際上並不能將退票、跳票之行為，直接就與詐欺取財之犯罪行為畫上等號。

是以，一個人簽發支票之後，他若能明確地證明係因經濟不景氣或遭他人拖累才導致退票，並不是一開始於簽發、交付之票之時便存有不支付票款之主觀意思，那他很顯然就已欠缺詐欺取財不法所有之意圖；相對地，如果他心裡本來就不打算讓該支票兌現，或係明知道自己並無兌現、給付該支票票款之能力，甚或係該支票帳戶根本就已經拒絕往來而仍拿支票來簽發交付他人，

這樣一來，如果要說他沒有詐欺的意圖，恐怕沒人會相信。因此，一張支票退票了是不是就可以告發票人詐欺，恐怕就沒一個標準，而是要依每一個案之情形來論斷了。

常有人拿著公司票到處開，然後不加以兌現也覺得無所謂。真的無所謂嗎？其實基本上是因為他知道公司（法人）與個人（自然人）是兩回事（下篇會再詳細介紹），公司負責人如不與公司共同發票或為公司票背書，則其並不會因公司票退票而導致負責人個人之財產受影響，所以就為所欲為。可是在民事責任方面雖然礙不了他，但如果他的行為已涉及詐欺之刑事責任時，經過檢察官偵查起訴後，因為他是犯罪之行為人，所以依刑事訴訟法第四百八十七條第一項之規定：「因犯罪而受損害之人，於刑事訴訟程序得附帶提起民事訴訟，對於被告及依民法負賠償責任之人，請求回復其損害。」此即為一般所稱之刑事附帶民事訴訟請求損害賠償之依據。因為提出詐欺之告訴後，所告訴之犯罪行為人係負責人個人而非公司，所以就算他本來係簽發公司票以作為詐欺之工具，民事方面要請求給付票款只能針對公司；但在被檢察官提起公訴之後，被害人提出刑事附帶民事訴訟請求損害賠償之對象便成了負責人個人而與公司無關，此時法院所做出刑事附帶民事之判決係命負責人個人（被告）應對原告負賠償給付之責任，影響所及，行為人個人所屬之財產便有遭查封拍賣之可能。

承上，也因為如此，有些賴皮、蓄意詐欺卻又怕被關、怕自己之財產被拍賣之人，在被提出告訴之後便特別會樂於與被害人達成和解，以求得不起訴、緩起訴之處分或無罪之判決。但是有

些根本就不怕被關的人，便會把詐欺所得先行隱藏、處分，打定就算被判刑確定須入監服刑也不怕之主意，對於這種人就可說是莫可奈何了，因他自認為詐欺而來之所得絕對符合其投資報酬率，就算被關個一年半載後再出來享受也值得。目前在社會上要特別小心這種人，遇到這種人，就算刑事判刑了，附帶民事訴訟也勝訴了，到最後恐怕還是一毛都拿不回來。

刑事附帶民事訴訟通常在檢察官將被告提起公訴後、第一審法官調查、審理期間、辯論終結前提出，依目前之規定尚不用繳納裁判費，將來可能會比照民事起訴收裁判費。要提起附帶民事訴訟時只要直接向審理刑事案件之刑事庭提出起訴狀即可，刑事庭一般都會先將刑事案件判決結掉，然後再同時合議將附帶民事訴訟裁定移到民事庭，改分成民事案件而由民事庭法官調查、審理、判決確定被告應賠償之金額；但是有一種狀況是被告如果獲無罪判決的話，那附帶民事訴訟部分就會被判決駁回，此時告訴人可以先請求檢察官對該無罪判決提出聲明上訴，待上訴審審理期間再附帶一次，屆時若被告被改判有罪，附帶民事部分還可以移到二審民事庭進行審理，如果刑事二審還是維持無罪判決，那第二次的附帶民事訴訟還是會被駁回。

至此，如果被害人還是想要求對方應負損害賠償責任的話，就只能另外提出民事訴訟，因為制度上民事庭法官可以不受刑事庭所調查認定之事實及判斷結果所拘束，可以自行、另行調查認定，也就是說，被告雖然被刑事庭認定為不構成犯罪，但刑事庭給予無罪之判決並不代表在民事方面就可以不用賠（話雖如此，

可是實務上民事庭的法官做出與刑事庭不同認定結果的案例還是很少，通常直接參考刑事庭調查認定結果的機會還是比較高，八、九年之執業經驗中，遇到刑事無罪但民事要賠的狀況亦僅承辦到一、二件而已，而且那還是因為雙方有基礎契約關係在，民事庭法官由債務不履行之方向著手，才判決被告應負返還及賠償責任）；但是在刑事案件結束之後才要另外提出民事訴訟，就要特別注意請求權時效是否過了的問題，因為有可能在刑事案件的審理過程就耗盡了時效期間，等到刑事判決結果出現了再回頭打民事官司就來不及了。所以，對於犯罪事實及證據不是太明確的案件，在請求權時效完成前，就一定要決定是否先行直接提起民事訴訟，不要為了省一筆裁判費而讓請求權時效超過就後悔莫及了。

　　其實以附帶民事訴訟之方式提出損害賠償之請求所耗費之時間，比直接提出民事訴訟還要多，因為在刑事部分的調查、審理期間，附帶民事之程序基本上是連動都不動的。可是刑事附帶民事的訴訟制度卻還是有被廣泛運用的必要，因為一則萬一賠償金額過大，被害人無力繳納裁判費時，可以讓被害人省下裁判費的支出，而不會因為無力繳裁判費即喪失對加害人求償之機會；次則透過刑事庭之調查、審理，可以預先搜集相關證據以補強被害人在民事舉證能力上之不足；三則若刑事庭判決被告有罪，那民事損害賠償責任基本上就會成立，將來只是賠償數額多寡之差異而已；末則案件如果在二審時提出附帶民事，那移送時也是直接移二審民事庭，可以省去第一審之全部程序，如果訴訟標的金額還不到得以上訴三審之標準（目前限制一百五十萬元以上才可上

訴三審），那二審一判決案件就確定了，輸贏立分而不會出現輸的人再提上訴，雙方又要再接受另一審程序煎熬的情形。

◈ 十二、公司退票，可不可以告老闆或告股東？

案例

莊董被退票的支票是一張公司票，可是在取得執行名義之後卻發現該公司之名下並無財產可供強制執行。於是莊董靈機一動，乾脆就直接對公司之負責人及其他股東個人之財產予以聲請強制執行，可是卻很快就被執行處以當事人不對為理由而予以裁定駁回。

問題

所謂之「公司票」究應由何人負責？

解析

怎樣區分是公司票還是個人票？就支票之正面而言，發票人簽名蓋章之處，即為表明該紙支票之發票人係何人而設，一般言之，如果是個人票即以個人之印鑑章（或簽名式）蓋於發票人簽名蓋章處，表示由其個人負支票票款之責任，而公司票一般則是以公司章（俗稱大章）蓋於左邊（以橫式支票言），緊接其右則蓋以公司負責人之私章（俗稱小章），因為公司屬於法人，其本身並無法自為意思表示及受意思表示，故而皆由其負責人即其法定代理人代公司為意思表示及受意思表示，是以於開立支存帳戶之時便會以公司之大章及負責人之私章併為印鑑章，簽發支票之時亦

必二顆印章簽蓋齊全才能進行票據之交換及兌現，否則經票據交換程序時，即會被以「印鑑不符」為理由予以退票。

公司係屬法人，雖然由其法定代理人即負責人代為意思表示及代受意思表示，但是「它」在法律上卻是一個獨立之個體，在民事法之領域內，基本上除自然人專有之權利義務外（如親屬關係），其權利義務與一般自然人並無二致。依民法第一百零三條第一項之規定：「代理人於代理權限內，以本人名義所為之意思表示，直接對本人發生效力。」因此，公司所簽發之支票雖然係由負責人代為簽發，而負責人之私章亦一併蓋於一旁，但是該發票行為因依法直接對公司發生效力，故而亦由公司負發票人之責任，所以一旦公司票退票了，雖然負責人之印章蓋於公司章之旁，亦無法命負責人與公司一同負發票人之責任，所以公司票退票了，在民事責任方面只能以公司為對象請求支付票款，不能對負責人請求支付票款。

公司票退票都已經無法找負責人個人了，其他股東又如何？事實上公司之股東只負責出資，就目前常見之公司型態為有限公司及股份有限公司二種言，依公司法第二條第一項第二款規定：「有限公司：由一人以上股東所組織，就其出資額為限，對公司負其責任之公司。」同條第四款亦規定：「股份有限公司：指二人以上股東或政府、法人股東一人所組織，全部資本分為股份；股東就其所認股份，對公司負其責任之公司。」再查公司法第九十九條亦規定：「各股東對於公司之責任，以其出資額為限。」據此，不論公司如何跳票及欠債，就算公司破產了，也不會影響到股東

個人之財產（無限公司或兩合公司之無限責任股東則會受影響），對股東而言,最壞之情況便是將其出資額或所認之股份賠光為止。以上市公司為例,在公開市場買賣上市公司之股票是非常方便的,買賣交割之後,便成了該公司之股東,但是我們並不會直接去過問公司之營運情形,也不會去管該公司是不是有簽發支票? 有沒有跳票? 基本上我們都只管該公司賺不賺錢、配股多寡及股價高低而已,其他的通常不會去過問,也不會因為買了該公司之股票,在該公司破產倒閉之後便隨同負債累累,而最壞的狀況便是原來買的股票變成毫無價值,認賠殺出又沒人願意接手,股票拿回來當壁紙貼又捨不得,最後只能當紀念品。由此便知,基本上公司與法定代理人或係其他之股東間,除了出現互相為保證人、連帶保證人或背書人之情形外(公司為保證人須依公司法第十六條第一項之規定須有法律或章程之明定,否則不得隨意為保證人),基本上是不會相互影響的。

如果公司票真是這樣的不保險,可是現實社會以支票來支付貨款、工程款又是普遍而必要之方式,此時該如何是好? 如是長久往來之對象,那對他的信用已經有相當之了解,或許問題沒那麼大,最怕的是初次交易的情形。以往發生的案例是有心人以虛設行號開設生鮮超級市場,然後向廠商大量進貨,收到貨之後也很乾脆地就將貨款支票開出交給廠商,當然支票到期日都是三個月以上;而等差不多快到跳票的時間了,貨叫得也差不多了,受害廠商也差不多到齊了,就趁月黑風高之際(電視、電影上壞人不都是在這時出現嗎?)將全部之貨物搬往他處然後再慢慢銷贓,

一夕之間人去樓空，等到支票一一跳票了，受害廠商才會一起回到原送貨地開同學會（同時學到被騙經驗的同學）。這樣的案例，行為人少說也觸犯了偽造文書、偽造有價證券、詐欺等罪，抓到了被判個五年十年都不算過分，雖已算重罪，但還是時常有人願意鋌而走險，因為對他們而言，動輒數千萬到上億的非法利益，關個幾年又算什麼（現在的壞人真的比好人吃得開）？若先將上述的惡意犯罪情形予以排除，那生意又不能不做，支票也不能不收，此時最好的方式當然是請公司負責人或其他股東以個人名義在支票背面背書，如果能做到這一點，基於形式上可以表示公司負責人或股東敢以其個人之資產為公司之票據做保證，退票而求償無門的機會當然就降低。除此之外，就單單收取公司票之情形，便顯無法對公司負責人或其他股東依該公司票去要求其個人支付票款了。

◈ 十三、本票發票人不付款怎麼辦？（本票裁定簡介）

案例 ●●

莊董已經懂得用遭到退票的支票向法院聲請發支付命令了，有一天莊董又拿著一張找不到發票人請求付款的本票到法院去，

也想用同樣的方式提出支付命令之聲請，可是法院服務處的人卻
問莊董為何不聲請本票裁定就好？

問題 ••

什麼是本票裁定？其聲請之程序為何？

解析 ••

　　除了支票之使用外，民間使用本票之機會也相當高，因為本
票在一般之書局即可買到，又無須向銀行開立支存帳戶，至於使
用之效力上卻也是於法有據，只要在本票上簽了名而完成發票行
為，或是在本票背面簽名背書，依法就要為該紙本票上所載之票
款負給付之責；但是因為本票不用向銀行辦理提示，也沒有票據
信用之問題，所以在請求發票人給付票款之程序上，就有賴執票
人多花一點功夫了，當發票人不願按時付款或根本就拒絕付款時，
相較於支票退票可以用支票聲請支付命令，而本票便可用以聲請
所謂的「本票裁定」來取得執行名義。而以本票裁定與支付命令
比起來，本票裁定在聲請之程序上有其較為便利、迅速之優勢，
其優勢略為下列數項：

　　⑴支付命令一旦被相對人提出異議便視為起訴，之後要繳納
裁判費及進行一連串之訴訟程序，而對本票裁定提抗告則除了該
本票係遭偽造、變造或確非其本人簽發之外，抗告成功之機會非
常渺茫，通常只是拖拖時間而已，對程序之進行影響不大，故較
容易取得確定證明書。

　　⑵支付命令送達不到時不能用公示送達，而本票裁定卻可以
聲請公示送達，所以比較不怕因為找不到債務人簽收而無法取得

確定證明書。

(3)支付命令被異議視為起訴之後，須由聲請人即原告負舉證責任，而本票裁定之債務人若是以該本票係被偽造、變造或因其他原因不承認該本票之債務為理由，據以起訴請求確認本票債權不存在，則會轉而要債務人先就其主張之事實負責舉證，在訴訟程序上對執票人而言，本票之執票人自然會較為輕鬆。

不過還要另外注意的是，支票是無因證券、支付證券，如果執票人係善意第三人時，發票人依法幾乎沒有抗辯之空間，因為此時執票人與發票人間並非直接之前後手關係，關於交付本票之原因關係抗辯就一點都用不上，而本票用於借貸關係而作為屆期清償之擔保依據時，卻常常被債務人利用借貸關係為要物契約，借貸之金錢未交付前借貸契約不生效力，以此作為抗辯之事由，執票人便須為舉證已交付借貸之金錢而疲於奔命，這恐怕是無論如何都要預先防範的一件事。關於此部分在本書關於「如何做一個快樂的債權人」章中，於「證明已經簽收很重要！」該篇已經有詳細之介紹，請再往前翻閱藉以加深印象。

聲請本票裁定之聲請狀，其書寫之格式約略如下：

民事　本票裁定聲請　狀
訴訟標的金額：新臺幣壹拾萬元正。
聲請人（即債權人）○○○　住○○縣○○市○○路○○號
相對人（即債務人）○○○　住○○縣○○市○○路○○號
為聲請本票准予強制執行事：
一、聲請之事項

相對人所簽發如附表所示之本票及其利息准予強制執行。

程序費用由相對人負擔。

二、請求之原因及事實

　　緣債務人向債權人借貸金錢，總計借得新臺幣壹拾萬元正，債務人並開具如所附之本票五紙（證一）作為屆期清償之擔保，該等本票並有免除作成拒絕證書之記載，然屆期未獲清償，是以本件即有聲請本票裁定，而使債權人得進行強制執行之必要，狀請鈞院鑒核，迅賜裁定准予強制執行，實為德便。

證據：

證一：本票影本五紙。

　　謹　狀

臺灣桃園地方法院民事庭　　公鑒

中華民國　　九十二　　年　　八　　月　　一　　日

　　　　　　　　　　具狀人：○○○

本票附表：

本票號碼	本票金額（新臺幣）	到期日	利息起算日	年利率
191829	貳萬元	八十九年九月十日	八十九年九月十日	百分之六
191830	貳萬元	八十九年十月十日	八十九年十月十日	同上
191831	貳萬元	八十九年十一月十日	八十九年十一月十日	同上
191832	貳萬元	八十九年十二月十日	八十九年十二月十日	同上
191833	貳萬元	九十年一月十日	九十年一月十日	同上

　　收到法院寄發之本票裁定之後，應先行詳細核對內容有無繕打錯誤，如有錯誤就要趕快聲請裁定更正，千萬不要等到確定證

明書都發下來了，準備要進入強制執行程序時才發現，到那時再聲請更正所花費之時間會比馬上聲請更正要長很多。如果順利按址送達到債務人，便要看債務人是否提抗告或是起訴確認本票債權不存在，如果未能順利送達，則法院會發函請聲請人查報債務人之最新戶籍謄本，查報債務人戶籍謄本時即可一併聲請公示送達；本票裁定及其後發給之確定證明書二者合一即為一個完整之執行名義，可以持向國稅局申請債務人之財產資料，也可以據以聲請強制執行。但是因為本票裁定之聲請程序僅是一種非訟事件程序，法官僅就本票之外觀、形式觀察之後沒問題就會核發，而其實質之內容並未經過法官之調查，所以本票裁定雖然也是一種執行名義，但是它的效力還是可以被挑戰的，而不像支付命令依法即明文規定其效力係等同於確定判決。所以如果自認為有理由（當然要有相當之證據才好，而非個人主觀之判斷或情緒上之反彈）可以不必對該本票所載之金額負給付之責任，則尚可提起「確認本票債權不存在之訴」或直接提起「確認債權不存在之訴」，都可藉此讓民事庭法官重新對於該本票債務進一步做實質之調查及認定；如起訴有理由而獲勝訴之判決，當然即可將債權人所聲請，原本已確定取得執行力之本票裁定予以排除。

◈ 十四、關於票據之請求時效為何？

 案例．．．．．．．．．．．．．．．．．．．．．．．．．．．．．．．．．．．．．

莊董在過年大掃除的時候無意間找到一張很多年前朋友開給

他的支票，心想這些年來該名朋友的經濟情況已經改善不少，應該不會讓該紙支票跳票才是，於是莊董就直接將該紙支票向銀行辦理託收請求兌現；可是銀行櫃員卻不願代收該紙支票，理由是時效已經超過，該支票應屬無效票。

問題 ••

關於票據的請求權時效規定為何？

解析 ••

票據係支付證券、流通證券，故而票據簽發後一旦交到對方之手上，便應該要有按時支付票款之心理準備，如果發票人沒有這種認識，那該紙支票當然就變得毫無信用可言，在到期之前便會讓人有是否將遭到退票的虞慮；但是相對言，票據之請求權是一種債權，在到期日屆至時始可以請求發票人依票載金額付款，如果執票人未按時請求付款，在自己的權利上睡著了，那也會產生不受法律保護之情形，因為既係屬於債權，為了不使請求權長期處於不安定之狀態，便有其相關之請求權時效的規定，在可得請求之時效內仍不主張權利，則時效超過後發票人或其他票據債務人亦必皆會主張時效抗辯，拒絕再為該紙票據擔負支付票款之責任，所以不論何種票據之執票人皆須自行掌握票據時效，務必在時效之內提示請求兌現。然而究竟所謂關於票據時效之規定為何？為了使讀者有一清晰之對照，故將票據法第二十二條就票據時效之規定，製作成下列之明細表供為參考：

請求兌現之對象	細　分	起算日	時　效
執票人對發票人請求兌現票款	對匯票承兌人及本票發票人請求付款	自到期日起算	三年
	見票即付之本票對發票人請求付款	自發票日起算（如有載到期日則自到期日起算）	三年
	對支票之發票人請求付款	自發票日起算（一般就是支票上所載的到期日）	一年
執票人對發票人以外之前手（一般即指背書人）請求給付票款	匯票、本票之執票人對前手請求給付票款	自作成拒絕證書日起算	一年
		免除作成拒絕證書者自到期日起算	
	支票之執票人對前手請求給付票款	自提示日起算	四個月
背書人對前手（其他背書人）之追索權	匯票、本票之背書人對前手行使追索權請求給付票款	自為清償之日或被訴之日起算	六個月
	支票之背書人對前手行使追索權請求給付票款	同右	二個月

　　上述之時效規定除在追償票款之時應注意之外，還要特別強調應注意票據法第一百三十二條關於支票執票人喪失對於發票人以外前手追索權之規定，其規定為：「執票人不於第一百三十條所定期限內為付款之提示，或不於拒絕付款日或其後五日內請求作成拒絕證書者，對於發票人以外之前手，喪失追索權。」舉例言之，依第一百三十條第一款規定言，發票地與付款地在同一省（市）區內者，執票人應在發票日後七日內為付款之提示，亦即應在票

載到期日後七日內向銀行辦理提示憑以辦理交換兌現，如果超過七日還沒把支票向銀行提示請求進行託收及交換，則此時執票人便喪失對其他背書人之追索權，就算是還在前述表格內所示之追索時效內都不行，剩下的就只能向發票人請求給付票款而已，其他之票據債務人都因執票人未按時提示而皆被免除票據責任，不會再受到執票人追索票款之困擾。本來背書人就是要用來強化支票票款之兌現能力，如因自己之疏忽而讓背書人因而脫免責任，則其實際上所生之不利益即相當於失去了一大堆的連帶保證人，對將來債權之追償豈能說毫無影響？

◇ 十五、票據時效超過了怎麼辦？

案例 ••

客戶開給莊董用以支付貨款的支票在客戶一再好言請求暫緩向銀行託收之下，已經過了一年的提示期限。莊董拿著支票去找客戶，希望能將到期日改一改，好讓時效往後延一延，惟客戶卻嚴正地加以拒絕，並堅持認為票據時效已經超過了，不願再為該紙支票負責。

問題 ••

票據時效已經超過了，有無其他的方法可以請求給付貨款？

解析 ••

在前篇已經將票據之時效製成明細表讓讀者便於分辨各種票據時效之期限規定，但是規定歸規定，總還是有人不知道規定究

係如何，而更甚者，有人就算知道也還是會忘記。支票或許還好，因為須向銀行提示，可能比較不會忘記，但是本票就不一樣了，經常還是有人放超過三年之時效了，才想要向法院聲請本票裁定，那恐怕都是為時已晚；不過在法律之設計上，票據時效超過了，也並不是毫無補救之道，基本上只是無法再向發票人或背書人請求給付「票款」而已，其取得支票之票據原因關係則仍有加以請求之機會。比方說發票人係簽發支票來向執票人借錢，執票人過了一年之票據時效仍未將該支票提示請求兌現，此時已無法再持該紙支票向發票人請求支付「票款」，但是退一步言之，執票人與發票人間之借貸關係仍然存在，執票人還可以向發票人請求返還借款，只不過其所提出擬證明借貸關係存在之證據，亦即原來借款時所交付之支票就不能再當成支票來用，只能當成類似於借據之證據來用，此時雖然支票之請求時效是一年，但借貸則屬一般債權，其請求權時效可是長達十五年。不過有一利必有一弊，主張給付票款時，如果該支票確為發票人所親自簽發，則其所能提出答辯之理由可謂少之又少，而主張借貸關係請求返還借款時，因為借貸在法律上係屬「要物契約」，亦即須有借貸物之交付始生借貸之效力，所以債權人常常面臨的舉證責任，便是要先證明確實已經將貸與之金錢交付給債務人，如果債務人提出如此之抗辯而債權人無法證明金錢之交付的話，還是會有受敗訴判決之可能。至於如果二種請求權皆仍在時效之內時該如何主張，當然要建議二者亦可併行請求，切不可隨意放棄自己之權利，但是請求給付「票款」基本上還是最簡單方便的。

　　除上述可以轉換請求權基礎之作法外，票據法第二十二條第四項本身亦規定：「票據上之債權，雖依本法因時效或手續之欠缺而消滅，執票人對於發票人或承兌人，於其所受利益之限度，得請求償還。」這也就是票據法上所稱之「利益償還請求權」，此利益償還請求權之使用，是當面臨票據原因關係屬於短期時效，而該短期時效也超過了的情況下（如貨款之請求權僅二年，用以支付貨款之支票過期了，請求給付貨款時又已超過二年之時效），提供了另一個補救的機會，不過其技術性比依票據原因關係而請求還來得高，通常一般人都比較不知道，也較不會去使用到。而在律師業務上，除非不得已之狀況，否則也經常加以忽略而不常去使用到。

第三章

關於身分之法律問題

◈ 一、結婚一定要符合法定要件！（兼論如何辦理公
　　　證手續）

案例 •

　　莊董與女友相識多年，二人久來即過著比夫妻還要夫妻的生活，所有的親戚朋友亦皆認為其二人早已是實質上的夫妻。而近日其女友竟在無意中懷孕了，二人為了使小孩在出生時能直接登記為婚生子女，於是就隨便買來結婚證書，請二個證人簽名蓋章後就拿去戶政事務所辦理結婚登記。

問題 •

　　這樣子完成結婚登記算不算已結婚？有無後遺症？

解析 •

㈠結婚要注意什麼？

　　最近接到一個案子：一對夫妻，二人共同維持婚姻生活六、七年了，現在為了金錢的問題，先生竟然向法院提出訴訟，請求法院判決二人之婚姻關係不成立，理由是當初結婚的時候，二人只是直接去戶政事務所辦結婚登記而已，並沒有舉行公開之儀式、也沒有二人以上之證人，所以主張二人之婚姻關係依法不成立，亦即其二人這六、七年來之婚姻生活都不算數，都不能當成婚姻生活。想想看，這個案件如果讓先生打贏了，那這個太太真是情何以堪！那麼多年的犧牲，錢雖然可以再賺，青春怎麼辦？所以

我接下了這個太太的委任，成為被告的訴訟代理人。在被告方面積極舉證之下，案件調查將近二年，地方法院的法官最後判決原告之訴駁回，亦即法官認定其二人之婚姻關係有效成立，後來先生沒再上訴，案件就因而判決確定了，往後那位先生都不能再爭執該婚姻之效力而須承認其妻子是合法之配偶。還好案件之判決結果還給了太太一個交代，我也認為世事總要有個道理才行，否則，這個社會的基本人情世故就不知要怎麼個維持下去了。

　　為什麼會產生上述這種案件？因為我國長久以來的法制係採用所謂「儀式婚」為原則，所以注重的是結婚的儀式，故依民法第九百八十二條第一項規定：「結婚，應有公開儀式及二人以上之證人。」因此，只要有公開之儀式及二人以上之證人，則婚姻就已成立生效，就算不去戶政事務所辦理結婚登記，二人之婚姻亦屬合法存在。在此先岔開話題，附帶一提是之前也曾遇過少不更事之年輕人，喜帖發了、客也請了、小孩也生了，就是差還沒去辦結婚登記，然後因故大吵一架，二人一翻兩瞪眼就說要離婚了。在這種情形下，如果小夫妻二人先問問律師要如何處理，那律師就必然要建議須先辦理結婚登記而後才能辦理離婚登記，一切皆須依法辦理才行，否則有可能會出現後遺症；因為之前二人結婚已具備公開之儀式及二人以上之證人，就算未辦登記也算成立合法有效的婚姻，倘果真非要離婚不可，那就一定要如此辦理，如果不信邪，認為反正戶政事務所也沒有二人之結婚紀錄，直接分手各奔東西就好，不必照律師講的那麼麻煩去辦手續；若是真決定要如此做，那可才真是要麻煩一輩子呢！

　　為什麼？因為二人原本有效之婚姻尚未解決，一旦男再婚或是女再嫁，都已經涉及刑法第二百三十七條之「重婚罪」，可以判處五年以下之有期徒刑；其次，女再婚後如果再生小孩，因為受到民法第一千零六十三條第一項規定：「妻之受胎，係在婚姻關係存續中者，推定其所生子女為婚生子女。」亦即女方在未合法解決之前合法存在之婚姻關係前，不論有無再婚，只要與任何人再生小孩，那小孩皆會被推定為是前夫所有。如此一來，不論是大人的世界或是小孩的身分，都會因而變得混亂，而且這個結在法律上是非常之難解，其影響不可謂不深遠，所以真要遇到這樣的狀況，還是接受律師的建議，乖乖去辦好手續吧！

　　再回到我們的主題，一般人結婚都會公開請客，或是去公證結婚，為什麼會產生這樣一個確認婚姻關係不成立的訴訟呢？因為有些人嫌麻煩，直接到書局買二本結婚證書，當事人二人自己簽一簽，再找二個證人印章蓋一蓋，就拿去戶政事務所辦理結婚登記，而戶政事務所只是做書面審查，資料齊備了，就依照當事人之意思辦手續。這樣的結婚算不算數？依照民法第九百八十二條第二項規定：「經依戶籍法為結婚之登記者，推定其已結婚。」所以依法基本上已經算是結婚了，但是法條裡卻留了個尾巴，就是「推定」這兩個字。法律上所謂之「推定」，就是仍然准當事人

舉反證來推翻它，簡單說，辦了結婚登記就可以算是結婚了，但是當事人如果可以舉出相當之證據證明雙方並無「公開之儀式」及「二人以上之證人」之結婚儀式，則還是可以推翻戶籍登記之效力，會被認為雙方之婚姻關係根本未成立，這也就是本案之由來。究其理，如果本件原告（就是那個先生）能證明雙方之婚姻確實欠缺「公開之儀式」及「二人以上之證人」之結婚儀式，那戶政事務所就算登記了也沒用，他就會得到勝訴判決，女方就會莫名其妙地被掃地出門，不管她以前的犧牲奉獻如何都會變成零，而且在這種案例中如果加上已經生了小孩的話，那就更複雜難解了。所以結婚真的是一輩子的事，除了把對方看清楚，不要被甜言蜜語所騙外，還是要按一般正常之手續來辦理結婚程序，才能避免將來節外生枝。

因為結婚時未加注意而欠缺必要之要件，其後如果一方因故變心，而另一方不願配合之情況下，便常常會持上述這種案例的理由想要終結雙方之婚姻關係，同類型之訴訟案件就一再發生，所致生之社會問題及浪費司法資源即不在話下。因此，近來主管機關法務部也已在正視這個問題，有意將我國的結婚制度由傳統之「儀式婚」轉化而為「登記婚」，亦即將民法第九百八十二條第二項之規定由目前「例外」、「推定」之地位，提升為原則之規定。如此一來，只要有辦理結婚登記，即不容再提反證加以推翻，以後類似本件確認婚姻關係不成立之案件便不會再發生，除了免除訟累之外，也可加強婚姻關係之安定性。不過這個充滿立意良善的修正法案何時才能功德圓滿地在立法院三讀通過，可能是個大

問號!

㈡如何辦理公證之手續?

公證結婚或是其他如租賃契約的公證,以前要去法院公證處辦理,但是公證法修正之後,已經有很多「民間公證人」散布在社會各處來為民服務;雖是稱為「民間公證人」,但是其公證之效力與前往法院公證處辦理者並無不同,而其所收取之規費亦是與法院公證處一樣,所以須辦理公證之事務時,應會比以往方便。而辦理的程序及應準備的文件,以公證租賃契約為例,基本上其程序如下(如是公證結婚,則公證處備有製作精美之結婚證書,公證人還會在禮堂證婚):

1. 準備租賃契約書一式三份,一般辦理公證的租賃契約書都是到法院的服務處去購買,與市面上書局買的契約書在格式上有一點點不同。

2. 雙方當事人即出租人與承租人應攜帶身分證明文件及印章一同到場(或是直接到民間公證人之事務所去,只要在一旁坐著等就行了,民間公證人會幫您辦得好好的),先向法院服務處購買「公證請求書」一份,將請求書內各欄逐一填寫:

   Ⅰ請求人姓名等欄,雙方當事人依出租人、承租人之順序將姓名、性別、籍貫、出生年月日、身分證號碼、住居所逐項填明。如為公司行號並應在各姓名之前將公司行號名稱及設置地點寫明。

   Ⅱ請求公證的法律行為或私權事實欄,將請求公證之事實如「房屋租賃」、「土地租賃」、「動產租賃」等等填明。

　　Ⅲ約定其逕受強制執行者其本旨欄,請照雙方約定情形填寫,
　　　如「租賃期滿交還房屋」、「給付房屋租金及違約金」、「返
　　　還押租金」等,或暫不填寫而將約定情形告知公證人以加
　　　蓋刻妥之戳記。

　　Ⅳ末應記明年、月、日,雙方在請求人欄下簽名。

　　Ⅴ將請求書連同租賃契約書交公證處收件辦理。

3. 雙方當事人如一方或雙方均為公司行號者,應攜帶公司執照
　 或營利事業登記證、負責人資格證明、公司行號及負責人印
　 章到場。

4. 出租人若為公司,其出租物復為公司全部之財產者,應提出
　 股東同意書及股東名簿。

5. 雙方當事人如不能到場,可委託他人代理,但應提出委託人
　 之印鑑證明書,並以印鑑章簽蓋委任狀,代理人應攜帶本人
　 身分證、印章到場。

6. 承租人如有保證人者,保證人亦應攜帶身分證、印章到場,
　 保證人不得委任他人代理。保證人亦應於公證請求書內填明
　 並簽名蓋章。

7. 租用房屋約定期間屆滿交還房屋,以及交付租金、違約金、
　 返還押租金等,可在公證書上載明應逕受強制執行,如違約
　 不履行,無須訴訟,可逕向法院聲請強制執行,對保證人請
　 求給付金錢部分亦可直接據以聲請強制執行。

8. 房屋租賃之公證首次辦理者,公證人為了解標的物現狀與租
　 賃契約是否相同、有無第三人占有,得至房屋所在地實地體

驗。

9. 公證費用，不附記載逕受強制執行者，按租金總數及押租金
利息合計金額千分之一徵收，特別載明逕受強制執行者，按
房屋價值金額之千分之二收取公證費用。

◈ 二、不可以在外面隨便生小孩！

　　甲男與乙女為夫妻，丙男與丁女亦為夫妻，結果甲男與丁女
二人維持不正常的婚外關係，期間先後生下二個女兒。在生下第
一個女兒的時候，因為受到民法第一千零六十三條第一項規定「妻
之受胎，係在婚姻關係存續中者，推定其所生子女為婚生子女」
之關係，於是第一個女兒辦理出生登記的時候便因而登記為丁女
與丙男所生，其生父即記載為丙男；惟丁女再次懷孕之時，甲男
不願自己之子女被登記為他人（即丙男）之子女，於是就藉故向
其妻即乙女取得其身分證及健保卡供丁女持向婦產科診所辦理初
次產檢，丁女持乙女之身分證、健保卡冒用乙女名義掛號產檢後，
由婦產科醫生發給媽媽手冊，媽媽手冊上即記載為乙女之姓名及
年籍資料，待生產之時，婦產科診所依媽媽手冊製發出生證明書，
其上之生母欄即載乙女之名，所生之女即記載為「乙女之女」，甲
男即持出生證明書前往戶政事務所辦理出生登記，因甲、乙二人
有婚姻關係存在，於是該第二個女兒之生父及生母即登記為甲男
及乙女。惟事實上該女確非乙女所生，而係甲男與丁女所生，乙

女便莫名其妙地多了個女兒，而甲男就遂其心願地把女兒之生父登記為自己，至於生母登記為誰，甲男其實並不在意。

問題 ●

　　當出現這種案例時，元配要如何保障其權利？

解析 ●

　　這個案例寫起來有點亂，看起來可能不太容易了解，但是簡單一句就是有一個男人在外面與別的女人生小孩，然後運用偽造文書之方式將該小孩登記為是自己與老婆所生，就這樣而已，簡單吧！但是當老婆發現的時候，問題就來了，怎麼解決恐怕就不是那麼簡單了！不過要強調的是在本案例裡，男人做出如此錯事當已經成為事實時，一般而言要嘛就死皮賴臉，不嘛就惱羞成怒，所以應該已經沒什麼好解決的，因此在這裡要解決的並不是那個在外偷腥的男人的問題，而是要解決這個莫名其妙多出一個女兒、無奈、受害的老婆的問題。當初接到這個案子的時候，明知道把偽造文書及通姦罪告進法院去，也不可能讓他（跟她）被關個幾個月，頂多只會讓他（她）們易科罰金罰錢了事罷了，因為執業到現在，真是還沒見過因為通姦被判刑而抓進去關的案例（除非不去繳罰金），可是到底要不要告？最後建議當事人還是要告，因為不告豈不是太過便宜他（跟她）了嗎（這好像是受害一方永遠的心聲）！檢察官第一次偵查庭訊問完畢出來，我的當事人忍不住在庭外罵了那個女的兩句，隨後兩個女人的一場遭遇戰就如此引發，最後我發現她的先生牽著那個女人的手走出法院大門揚長而去，讓這個元配老婆跟我這個無奈的律師在後面一臉錯愕不知該

如何是好，也因此，我認為當初建議她提出刑事告訴顯然是對的。看到這種情形，不告才怪！

　　刑事部分起訴後經地方法院刑事庭進行審理，結果判決男的偽造文書及通姦罪名都成立，但刑度不重，除得易科罰金外還給他緩刑宣告；太太不接受如此輕判，又叫我幫她聲請檢察官提出上訴，最後高等法院還是維持原判。後來我們又提出民事「確認親子關係不存在」的訴訟，因為民事庭法官諭命將三人送林口長庚醫院做 DNA 鑑定，鑑定報告一出來，醫院確認我的當事人與該小女孩並無血緣關係，所以法官也就依鑑定結果下判決；因為這本來就是事實，所以對方也沒再上訴，案件就確定了，剩下的就是戶政事務所該如何依本件確定判決書來辦理更正登記的問題了。但是事實上戶政事務所也傷透了腦筋，因為如果依判決書把現在所登記之生母姓名登記除去，那沒了生母，如何認定生父是誰？（因為出生證明書通常僅會記載生母姓名，而將小孩子記為該生母之男或生母之女，醫院通常並不會就生父部分自行認定，而逕在生父欄上填寫生父之姓名，有時則依生母之身分證紀錄來記載）而既然無法認定生父是誰，當然也要把生父登記除去，如此一來，沒了生父、生母，那這小孩又是從何而來，豈能父母欄皆空白！因為不曾遇過這種情形，所以戶政事務所剛開始也不知要從何辦理。

　　從法律面言，我認為戶政事務所應一併參考民事與刑事判決所認定之事實，推翻原來出生證明書上所載乙女為生母之事實後，將乙女之生母登記除去同時，將該小女孩認定為丁女所生，再依

前述民法第一千零六十三條第一項關於婚生推定之法律規定，將該小女孩認定為丁女與丙男所生，據此登記其生父為丙男，生母為丁女，如此始符法律之規定；惟此為解決法律面之方法，終究還是與事實不符。那事實面呢？甲男若想要將事實回歸到真正之事實，所要花費之精神、體力及肯定要再面臨一連串之訴訟程序，顯然即為甲男須付出之代價；至於實際上要如何處理，因為律師是禁止雙方代理的，所以我不可能再接受甲男之委託為其解決善後，剩下的也只好留給他所委任的律師去想辦法了。

　　本案因戶政事務所不敢作主，後來向縣政府戶籍課請求釋示該如何辦理，但戶籍課回函稱只能依民事判決主文之文意辦理，亦即只願將生母欄所載為乙女之部分更正除去，生父欄部分仍保留為甲男，惟此等結果當然為當事人所無法接受，最後我只好直接發文給內政部戶政司請求釋示，內政部終於接受我的意見，但是要求應先回原婦產科診所請醫師更正出生證明書後再憑以向戶政事務所申請辦理。當然，行政機關常不敢勇於任事，又有多一事不如少一事、能不辦最好的心態，拒絕辦理卻又提不出可讓人接受之理由，然像此次內政部戶政司就本案能提出具體之解決方式讓民眾去依循辦理之狀況還不多見。不過本案至此總算塵埃落定，元配無故多出的一個女兒總算可以依法予以更正除去。

　　其實就本案例看來可能有點複雜，但是基本上另外要強調的應該是在關於民法第一千零六十三條第一項所規定：「妻之受胎，係在婚姻關係存續中者，推定其所生子女為婚生子女。」之「婚生推定」規定，因為民法有這樣的規定在，常造成當女性發生婚外

情而與情夫生下子女後，卻因婚生推定而必須登記為是與自己之
先生所生，或係男性一方受女方矇騙說已離婚，結果在一起生下
子女之後要報出生時，才發現她的婚姻關係根本就還存在而無法
將子女報為二人之親生子女，此時如果加上其配偶行蹤不明的話，
要處理起來就會更加棘手。在處理上，關於婚生推定之規定因為
仍屬於一種「推定」之性質，亦即只要有合法之婚姻關係存在，
就必須推定係存有合法婚姻關係之二人所生；但因為是推定，所
以依法當然可以舉反證加以推翻。但是為避免此不確定之法律關
係久延不決，民法第一千零六十三條第二項亦規定：「前項推定，
如夫妻之一方能證明妻非自夫受胎者，得提起否認之訴。但應於
知悉子女出生之日起，一年內為之。」上述但書關於一年時效之規
定其實是很會害死人的地方，因為一般人誰會知道要在知悉子女
出生後一年內去起訴？通常都是超過好久，等出現問題了才在想
辦法解決，而一旦超過時效豈不都沒救了？

　　還好實務上還留了一道門，就是「否認婚生之訴」，如超過時
效而不能提起否認之訴了，還可以容許提起確認之訴，亦即請求
「確認親子關係不存在」。雖說如此，在原本受推定之婚生關係除
掉之前，實務上仍還不容許親生之父親直接提起「確認親子關係
存在」之訴訟。其實我覺得現在醫學科技如此進步，一驗就知道
是誰的、不是誰的，法律之規定或實務之運作是否也應該逐步放
寬以符合多變之社會狀況，讓這些時常發生的問題容易解決一點。
不過，讓問題容易解決並不代表除了正式之婚姻關係外，就可以
更隨便地在外面發生婚外情、生小孩。

◈ 三、怎麼辦收養之手續？

案例 •••••••••••••••••••••••••••••••••••••••

　　莊董見到過許多不幸福美滿的婚姻案例，因而有不婚的念頭，但想到自己龐大之產業將來無人可以繼承也是個大問題，於是乃到各育幼院去訪查，希望有緣能遇到適合收養為養子之孤兒。

問題 •••••••••••••••••••••••••••••••••••••••

　　如何辦理收養手續？

解析 •••••••••••••••••••••••••••••••••••••••

　　以前社會經濟環境差的時候，醫療技術也相對較落後，避孕的方式也不像現在多種，造成經濟能力越差的家庭，其避孕之知識及能力就越不足，以致生育子女的人數就越多，生得越多相對地也就越養不起，不但造成惡性循環，且小孩從一出生就給人收養做長工或成為童養媳之情況比比皆是，而政府也礙於時勢，對於收養的手續並未以公權力加以監督，所以只要收養雙方父母同意，向戶政事務所申請辦理收養之登記手續即可。惟終究因收養手續未受到政府之監督，時而弊病叢生，盜嬰、販嬰或逼養女為婢、為娼之情形不斷發生，於是在民國七十四年民法親屬編修正時，乃增列第一千零七十九條第四項之規定：「收養子女應聲請法院認可。」藉由法院認可之機制來審查收養雙方是否有對養子女不利考量之因素存在，並審查有無收養無效或得撤銷之事由，以減少因收養所致生之糾紛，並避免對養子女產生不利之情況。

　　什麼情況是收養無效的事由？何種狀況為得撤銷？爰列表說明如下：

收養無效之情形	收養得撤銷之情形
收養者未長於被收養者二十歲以上。 （民法第一〇七三條）	有配偶者收養子女時未與配偶共同為之（民法第一〇七四條），收養者之配偶得請求法院撤銷之。
左列親屬不得收養為養子女： 一、直系血親。 二、直系姻親。但夫妻之一方收養他方之子女者不在此限。 三、旁系血親及旁系姻親之輩分不相當者。但旁系血親在八親等之外，旁系姻親在五親等之外者，不在此限。 （民法第一〇七三條之一）	有配偶者被收養時，應得其配偶之同意（民法第一〇七六條）。未得同意時，被收養者之配偶得請求法院撤銷之。
一人不得同時為二人之養子女。 （民法第一〇七五條）	滿七歲以上之未成年人被收養應得其法定代理人之同意（民法第一〇七九條第三項），未得法定代理人之同意者，法定代理人得請求法院撤銷之。
	註：上列三項皆有自知悉起逾六個月及法院認可逾一年後皆不得再請求撤銷之規定。 （民法第一〇七九條之二）

　　法律既有以上明文之規定，則要辦理收養手續時即應先查明有無上述收養無效或得撤銷之因素，當查無這些因素時，才可以向法院聲請認可收養。而辦理收養之手續基本上其程序約如下：

　　㈠備具收養契約書面

　　由收養、被收養雙方含其法定代理人，簽立收養契約的書面（民法第一○七九條第一項），一般以收養契約或收養協議書、同意書等型式書寫皆可，只要表明同意收養或同意被收養之旨，雙方簽名蓋章即可，並無特定之標準格式。

㈡提出聲請狀向法院請求認可

　　民事　認可收養聲請　狀
　聲請人（即收養人）○○○　籍設桃園縣桃園市
　　　　　　　　　　　　　　住桃園縣桃園市
　　　　　　　　　○○○　同上（有配偶須與配偶一同提出聲請）
　聲請人（即被收養人）○○○　籍設臺中縣
　　　　　　　　　　　　　　住臺中市
　右法定代理人　○○○　同上
　　　　　　　　○○○　同上(父母共同為未成年子女之法定代理人，
　　　　　　　　　　　　　故須一起併列)
為聲請認可收養子女事：
一、聲請之事項
　　請准裁定認可聲請人○○○、○○○共同收養聲請人○○○為養女。
二、聲請之原因事實
　　查聲請人○○○與○○○於○○年○○月○○日結婚，婚後至今多年因故未能生育兒女，二人早思收養子女為繼，適聲請人○○○之親姊姊○○○於○○年○○月○○日生下三女取名為○○○，此有雙方戶籍謄本正本二份可查（證一），惟因○○○已育有二女一男，其後再生下○○○即屬意料之外，再遇適來○○○之

配偶〇〇〇身體頗有不適，經檢查發現為癌症，雖已經過適當之治療及控制，然謀生及經濟能力已大受影響，為此〇〇〇及〇〇〇二人是乃與〇〇〇及〇〇〇共同商議，決定將〇〇〇由〇〇〇及〇〇〇二人收養為養女，以利加以妥善照顧及撫養，雙方業已簽立收養契約書乙份詳如證二，〇〇〇及〇〇〇二人並有相當之存款及不動產（證三）足證確有撫養之能力，為此狀請

鈞院鑒核，賜裁定認可本件收養，以利辦理收養之戶籍登記，實為德便。

證據：

證一： 聲請人雙方戶籍謄本正本二份。

證二： 收養契約書正本乙份。

證三： 收養人之存款及土地、建物權狀影本。

　謹　狀

臺灣桃園地方法院民事庭　　公鑒

中華民國　　九十三　　年　　〇　　月　　〇　　日

具狀人：〇〇〇

〇〇〇

〇〇〇

上一人法定代理人：〇〇〇

〇〇〇

（三）聲請人

依非訟事件法第七十五條之一第一項規定：「民法第一千零七十九條第四項所定聲請認可收養子女，以收養人及被收養人為聲請人。但被收養人未滿七歲，而無法定代理人者，僅以收養人為

聲請人。」此等聲請人之決定係關於向法院聲請認可收養時，所提出之聲請狀應予表明之當事人及具狀人為何人所必備之要件。

㈣管轄法院

依同前非訟事件法第七十五條之一第二項規定：「前項聲請認可收養子女事件，由收養人住所地之法院管轄。」因基本上各縣市都設有法院，而收養人或被收養人並不見得都住在同一縣市，所以認可收養之聲請狀要向哪一處法院來遞送即有予以明文規定之必要，以前述案例言，收養人住在桃園，惟被收養人及其法定代理人都住在臺中，所以依法要遞送聲請狀時，便應向臺灣桃園地方法院遞送才有管轄權，有了管轄權，法院才可以為認可與否之決定。

㈤開庭及訪查

法院收案後，承辦法官會傳訊雙方訊明收養之緣由及審查有無無效或得撤銷之事由，庭後法官並不會直接做出決定，而是發文予縣市社會局指派社工人員進行訪查，以查明有無對養子女不利之事項並明瞭收養者有無實際收養子女等事實，訪查完畢後製作訪查報告回覆予承辦法官，法官參考訪查報告再做出認可與否之裁定。此期間當事人只須等待法官書面之通知即可，基本上若無問題，應該只會開一次庭。

㈥辦理收養登記

待接獲法官准予收養之裁定認可通知後，即可持該通知前往戶政事務所辦理收養登記，而現行戶政機關已完成電腦連線，所以本案收養人只要在桃園之戶籍所在地提出申請登記即可，不必

到臺中去跑一趟。

◆ 四、收養大陸地區之人為養子女，被收養者限未成年人！

 案例 •••••••••••••••••••••••••••••••••••••••

　　老王經過莊董之介紹而有意娶一個大陸新娘，最後選定之對象係喪夫並育有一子之人，惟對方之條件為老王必須收養她的孩子，讓她的孩子也能來臺灣才行，莊董查明老王之年紀與該孩子相差超過二十歲，就大聲跟老王說辦收養依法沒問題。

問題 •••••••••••••••••••••••••••••••••••••••

　　本件之收養手續真的可以辦成嗎？

解析 •••••••••••••••••••••••••••••••••••••••

　　前篇我們已經介紹了我國民法就收養制度中，關於收養無效及得撤銷之相關規定以及辦理收養之相關手續。然而政府在多年前開放大陸探親，進而開放至大陸投資經商，至今並已開放娶大陸新娘、大陸人民可以到臺灣來觀光旅行等，將來海峽兩岸會如何發展尚在未定之天，但是目前明顯可知的是，臺灣有很多人急著想去大陸，而大陸人民也有很多急著想到臺灣來，於是雙方人馬便展開一場無止盡之交流，各種來往之管道及絕招，真是無所不用其極。而本篇僅先就單方而言，其中大陸人民想藉由讓臺灣人民收養，以便成為臺灣人民之養子女，藉此達到合法申請來臺

之目的，即為一個常用之管道；但是大陸地區之收養法制在被收養人之年齡限制上，與臺灣之收養規定有些許之不同，造成很多人向法院聲請認可收養的時候常常因要件不符而被打回票，所以更有加以注意之必要。

　　因為臺灣地區與大陸地區人民關係條例第五十六條第一項規定收養之成立及終止，依各該收養者被收養者設籍地區之規定，亦即臺灣人民在收養大陸地區人民為養子女時，其收養之成立或終止，需一起符合我國民法及大陸地區之收養法始可，而按大陸地區收養法第四條規定：「下列不滿十四周歲的未成年人可以被收養：㈠喪失父母的孤兒。㈡查找不到生母的棄嬰和兒童。㈢生父母有特殊困難無力撫育的子女。」故大陸地區之被收養人依其收養法第四條之規定係限制未滿十四歲之未成年人並符合該三款之規定情形才可以被收養，但是同法第七條另規定：「收養三代以內同輩旁系血親之子女，可以不受本法第四條第三項、第五條第三項、第九條和被收養人不滿十四周歲的限制。」亦即收養三代以內同輩旁系血親之子女時，該被收養之養子女便可以超過十四歲。但是依我國目前司法實務上之見解，卻仍有上限之限制，因為實務界認為以大陸地區收養法第二條規定：「收養者應當有利於被收養的未成年人之撫養……。」係列在總則來規定，因此以該法條認定被收養人必須為「未成年人」始可，再參以同法第二十六條第一項前段「收養人在被收養人成年以前，不得解除收養關係……。」之規定，便將臺灣人民聲請認可收養大陸地區之已成年人之聲請案件，逐一予以駁回，不予認可，最近接到的為臺灣臺北地方法院

民事庭九十年度養聲字第六九號裁定即是如此認定，而於該裁定中提到臺灣高等法院八十九年度家抗字第三五號亦採相同見解。

　　因此，誠如上所述之規定及實務上之見解，如果大陸地區之成年人想藉由被臺灣人民收養以取得養子女之身分，再執以為申請來臺暫時是行不通的。

 ## 五、怎樣才能離得了婚？

案例 ●●

　　承前例，老王既然無法依對方之條件辦好收養手續，雙方當即不了了之。後來老王透過兩岸婚姻仲介而娶得年輕未婚之美嬌娘，惟當完成一切之結婚手續之後，新娘子一到臺灣竟馬上不知去向，根本不與老王履行同居之義務，老王氣得說一找到人就要馬上跟她辦離婚。

問題 ●●

　　離婚有那麼容易嗎？能不能讓老王說離就離？

解析 ●●

　　最近在事務所裡，三天兩頭都有人來問離婚協議書怎麼寫、要怎麼辦離婚手續，追究其原因，猜測可能是當景氣好的時候，夫或妻或二人都在外工作，下了班才回家所以相處的時間較少，衝突與糾紛也還好，而近來因為經濟不景氣，被裁員沒工作的人一大堆，兩人每天都在家坐困愁城相處二十四小時，一語不合即小吵，久了變大吵，大吵過後兩看兩相厭就來問要怎麼辦離婚；

還有一些是先生或太太在外欠債，為了躲避討債公司的催債，所以就要辦離婚，造成這類案件顯然增加許多。而寫下這篇並不是要給想離婚的人方便，而是希望想離婚的人看了之後會嫌麻煩，然後就不離了。不過離不離其實自有定數，依照我們經常在看的直覺，到律師事務所來說要離婚的夫妻，如果二人還在吵吵鬧鬧、條件還談不攏的通常都還離不成，最怕那種一上門面無表情、二話不說、條件沒有、小孩不要、財產放棄、證人備妥、不離會死的那種狀況，碰上這種狀況大概來十對會離掉十一對，因為那種堅決的程度絕非一日造成的，不離才怪。本篇旁觀、沒事的人看看就好，不要太認真。

要怎樣才能離得了婚? 曾有人聽說老婆或先生跑了，只要登報過了一定的期限後就會自動離婚（不知道是誰先講的?），但是這絕對是外行人的說法。在我國法律規定上，離婚分成兩種，一種是「協議離婚」，另一種是「判決離婚」，依民法第一千零四

十九條規定:「夫妻兩願離婚者，得自行離婚。但未成年人，應得法定代理人之同意。」這就是一般所謂之「協議離婚」之規定，只要兩個人就離婚條件談得妥，再依民法第一千零五十條之規定:「兩願離婚，應以書面為之，有二人以上證人之簽名並應向戶政機關為離婚之登記。」將離婚協議書寫好（最近聽說書局可以買到

現成的，還印得頗為漂亮精緻，不過我還沒看過），找兩個證人在離婚協議書上簽名蓋章（證人要成年人並有完全行為能力、了解雙方離婚之本意並見證其事實即可，不限是誰），然後夫妻兩人手牽手一同去戶政事務所辦理離婚登記即可；離婚登記是離婚的生效要件，所以離婚協議書簽了幾千張都無所謂，只要沒去戶政事務所辦離婚登記，那婚姻關係都還是有效存在。另外，不要忘了帶兩張最近的照片去，因為身分證要換新，換新後身分證的配偶欄就空白，既然配偶欄空白，當然以後男再婚、女再嫁即互不相干，還有，如果有一方要把原來的戶籍遷出去，別忘了順便遷一遷，省得以後麻煩再跑一次；辦好離婚登記之後呢，開始要來面對以下的事情：有監護權之一方不讓他方探視小孩子、一方答應要給他方的贍養費不給、孩子的撫養費不支付、一方要求他方要清算財產做剩餘財產之分配、一方拒絕搬遷出屬於他方之房子、該還的貸款不還、夫妻連帶保證的保證責任還沒除去、一方沒錢花還要來跟對方要、有錯之一方三不五時又來要求他方原諒、恐嚇對方要求再續前緣……哇，天啊！受不了了，不要再講了，下輩子沒有人敢結婚了，因為不結婚自然就沒有辦離婚的機會，也就不用去面對這麼多難解的問題。但這種邏輯各位可以接受嗎？

　　不過，抱歉，我還沒講完，以上是夫妻雙方可以心平氣和達成離婚協議之情形。如果、萬一無法達成離婚協議的時候怎麼辦？此時就剩下直接上法院請求判決離婚一途了。可是上法院請求判決離婚並沒有想像的那麼簡單，因為法院判決離婚須要有法定之離婚事由始可，所謂法定之離婚之事由即民法第一千零五十二條

之規定：「夫妻之一方，有左列情形之一者，他方得向法院請求離婚：一、重婚者。二、與人通姦者。三、夫妻之一方受他方不堪同居之虐待者。四、夫妻之一方對於他方之直系尊親屬為虐待，或受他方之直系尊親屬之虐待，致不堪為共同生活者。五、夫妻之一方以惡意遺棄他方在繼續狀態中者。六、夫妻之一方意圖殺害他方者。七、有不治之惡疾者。八、有重大不治之精神病者。九、生死不明已逾三年者。一○、被處三年以上徒刑或因犯不名譽之罪被處徒刑者。」

　　如果發現上面十款法定事由有跟您的情形相符的時候，那恭喜您已過了第一關，可以往下一關前進，下一關就要把前面十款事由區分來看，因為有些情況發生時，就算有上述之事由也會造成無法讓法院判決准予離婚。首先為屬於前述第一款之重婚及第二款之與人通姦之情形，依民法第一千零五十三條規定：「對於前條第一款、第二款之情事，有請求權之一方，於事前同意或事後宥恕，或知悉後已逾六個月，或自其情事發生後已逾二年者，不得請求離婚。」其次為第六款之意圖殺害他方及第十款之被處三年以上徒刑或犯不名譽之罪被處徒刑者，依民法第一千零五十四條之規定：「對於第一千零五十二條第六款及第十款之情事，有請求權之一方自知悉後已逾一年，或自其情事發生後已逾五年者，不得請求離婚。」如遇上符合前述這幾款事由而想要請求判決離婚之時，就要一併考慮這二個法條之規定，以免告進去了很快就收到法院駁回之判決，而且這二個法條是關於除斥期間（理解上相當於請求權時效之規定）之規定，一般也都是對方當事人拿來答辯

請求不要判決離婚的最佳利器，所以一定不能予以忽略。

可是有人常問到：我跟我先生（或太太）已經分居七、八年了（有的甚至十幾二十年都有），雙方根本就不相往來，僅維持一個婚姻之形式，但是看一看與上述法定事由都不符，那要怎麼辦？其實我國法律並沒有設立分居制度，據報導法務部有說要送修正案到立法院，擬在法定離婚事由中加上「無故分居達五年」者，即可請求判決離婚，來解決實質上已分居、雙方已無互動而確已無再共同生活可能之案例。不過草案雖有此方向，但一講到立法院的效率，恐怕只有王寶釧等得下去。

不過在法律未修正之前也不是全然毫無辦法，此時便要分開來看，如果對方無故離去而根本不可能再回來履行同居之義務，那可以先嘗試請求法院判決對方應履行同居之義務，待判決確定後對方仍未為所動，此時便可以引用民法第一千零五十二條第一項第五款惡意遺棄之規定請求判決離婚，這也是目前常使用之方式，不過因為要分二個階段處理，所以時間上也無法多快；但是如果明知對方是個無賴，可能因此而出現回來要求履行同居之義務並進行搗蛋之行為，那千萬就不要用這個方法。如果不能用前面那一種方式辦，而分居時間依一般經驗判斷已經很久了（法官在久不久之判斷上，有時也會有異於常人之表現，所以我也不敢說到底要幾年才算），顯然雙方已經毫無再維持婚姻關係之意願了，此時仍有最後一招可用，即民法第一千零五十二條第二項之規定：「有前項以外之重大事由，難以維持婚姻者，夫妻之一方得請求離婚。但其事由應由夫妻之一方負責者，僅他方得請求離婚。」

不過這條規定給了法官很大的裁量空間,亦即該事由算不算重大,全憑法官判斷為定,有時當事人已經認為不判離寧願死這樣重大了,法官也會認為當事人太小題大作而判決不准離婚。不過這是最後一招了,只能任憑法官去判,如果法官真的不准,千萬別真的死給他看。

離婚到底好不好?以前大家都說要積陰德,只能勸合不能勸離,我母親在我當律師之初也叫我不要給人家辦離婚,我也曾因找不到法定離婚事由而努力勸當事人回去再忍耐,結果讓她含淚離開,也不曉得有沒有去跳河,其間利弊,也只有當事人才能冷暖自知;而以前我也真的很排斥幫人家辦離婚,可是有一次遇到一個中年婦人來找我,求我如果不幫她想辦法辦離婚,她的房子很快就會被她先生賭掉,到時候她帶著三個小孩將無處可去,如果把婚離一離,把房子保住,那有了房子可遮風避雨後,她辛苦一點也還能賺錢養活三個小孩,試想,碰到這種狀況,您會勸合然後保住一個對她來講毫無意義的婚姻關係,還是幫她想辦法把婚離一離,如此一來也就可以救四個人?答案當然很清楚,而從那時開始,我就不再堅持「勸合不勸離」的觀念了,由一些個案、換個角度來看,離婚真的不好嗎?也許不見得吧!

六、協議離婚要不要請律師辦手續?

案例 ‧‧‧‧‧‧‧‧‧‧‧‧‧‧‧‧‧‧‧‧‧‧‧‧‧‧‧‧‧‧‧‧‧‧‧‧‧

老王終於找到不願與他共同生活的大陸老婆了,於是就要求

莊董前去當其離婚之見證人，可是莊董說不行，並告訴老王說離婚一定要去律師事務所找律師辦才行。

問題 ••

　　誰才可以當離婚之見證人？離婚手續一定要請律師辦嗎？

解析 ••

　　報紙分類廣告上常看到「專辦離婚」的廣告，可見這些人絕不是律師，因為正式律師事務所之律師依律師法規定是不可以在報紙上或其他廣告媒體上打廣告的，而且，一般有正式執照、正常執業的律師，基本上都不喜歡辦離婚案件，尤其更不會有人願意幫人在離婚協議書上蓋章做見證人（這個觀念絕大多數的律師都還仍有），所以，離婚手續是不是非請律師辦不可？既然大部分的律師都不願意辦，那這個問題的答案當然就很清楚了。

　　夫妻二人已經到水火不容、非得要協議離婚的程度時，其實離婚協議書雖然是必備之書面，但有時其互相開出之條件（或根本就無條件）還比較容易達成協議，平常會出狀況的通常是找不到人願意當見證人較多，而離婚協議書之書面並不是離婚之生效要件，雙方必須能偕同向戶政事務所申請辦理離婚登記才是最重要的一件事（經由法院判決離婚時則只要一方持確定判決書即可辦理，無庸他方配合），才能真正離得了婚，所以離婚本來就不須要請其他人辦理，更別談非要請律師辦不可了。不過，如果雙方之離婚條件很複雜，為了避免因寫得不夠完善導致將來產生不必要之糾紛及訴訟，那離婚協議書也許就真的有請律師代為撰寫或擬稿之必要，至於請律師當離婚之見證人，那就免了，自己去找

吧！

　　話雖如此，在執業這幾年來，倒是也有在不得已之情況下為人蓋過一次離婚協議書之見證章，因為同事務所之吳律師跟我一樣有不願意幫人蓋見證章之習慣，所以我們就形成一個默契，只要有人找不到見證人而上門要求律師蓋離婚協議書的，就給他（跟她）報一個很高的費用，就算被人家罵死要錢也沒關係，只要他（跟她）能知難而退就好，目的無他，就是不想蓋而已，而這個辦法也是屢試不爽，只不過人家出去會怎麼說就真的不敢再想下去了；後來有一天一對夫妻上門又說要請律師蓋見證章，我們便故技重施，照樣報給他（跟她）一個很高的價錢，結果二人一聽臉一橫轉頭就出去了，我們認為反正目的已達，自然是不以為意，繼續做自己的工作，無奈十幾分鐘過後，二人又回來了，原來他（她）們是出去領錢，此時怎麼辦？換成是您，您敢跟他（她）說剛才騙你（妳）的，其實我們不蓋嗎？結果，當然是只好蓋了，到現在就因為如此之不得已而蓋了這麼一次見證章。而二個律師總共到底收了他（她）們多少錢呢？本來應該是個祕密不能說，但是偷偷告訴您，不要跟別人說喔，加起來足夠買一臺五十西西的摩托車了，夠多了吧！也由此可見，這二個人有多麼迫不及待地要離婚。可是真的有這麼非離不可嗎？當初還不是愛得死去活來才結婚的，不管如何都是自己選的嘛，又沒人強迫他（她）二人在一起，早知如此何必當初！不過這件案例的過程讓我另外擔心一點，當他（她）們二人拿著經過二個律師見證的離婚協議書向戶政事務所辦理離婚登記時，戶籍員一定會問他（她）們花了

多少錢請律師蓋章，而收了多少錢雖然是事實，但是如此一來真的會讓我們原本善意之出發點被掩蓋掉，只會讓人覺得律師真是敢收錢、死要錢而已，而這當然也是當初所料想未及的一件事。

　　註：再註一次，拜託不要再找律師強迫律師蓋離婚協議書了，其實見證人並不限身分，只要是成年人，而且有完全之行為能力，並親眼見聞、知悉其當事人二人確有離婚之真意，此時便可以當證人而蓋見證章了。

◇ 七、離婚時要如何爭取小孩子的監護權？

案例 ••

　　有夫妻二人要求莊董去當其離婚之見證人，但其二人對於所生的五個小孩子該如何分的問題，因互有堅持而還沒能談定，於是就問莊董，請莊董就小孩子要如何分比較好之部分提供意見。

問題 ••

　　「分小孩」！這是哪門子話？可是，究竟要怎麼分才好？

解析 ••

　　如果沒有生小孩，那夫妻二人如果高興要離婚，乾脆一點的，手一揮就可以各奔前程，兩不相干；可是如果已經生兒育女的時候，問題就沒那麼簡單。從經驗及歷史來看，以前的婚姻受害者幾乎是女方比較多，而且女方通常都是隱忍而度一生，較少同意離婚而被掃地出門，究其原因，除了欠缺獨立之經濟能力之外，大多是受兒女之牽絆，怕因為自己離婚他去，將使兒女受苦受難，

倘先生有再娶之企圖，那更是怕兒女會遭到後母之虐待；加上舊時之觀念對於離過婚之女人也頗報以異樣之眼光，所以通常只好忍之又忍。以前離婚率不高，相信有很多案例都是沒有選擇離婚，而是在忍耐受苦之下過完一生。到現在，上述這些因素都有所變化，自由戀愛、被愛沖昏頭，欠缺互信互愛之感情基礎，當問題一生、心一狠，為了跳脫痛苦的深淵，追求自己的幸福著想，就先離了再說，所以離婚率自然節節攀高；離婚率一高，相對再產生的問題就是在爭取小孩子之監護權上互不相讓，不管自己有沒有辦法照顧，不管是否對小孩會不會產生不利之影響，反正就是要他方放棄小孩子的監護權，好像認為失去小孩子的監護權就會失去孩子一樣，沒了監護權，小孩就不是自己生的，小孩就會去叫別人爸爸（或媽媽）一樣！其實，不會這麼嚴重吧！到底誰才能真正把小孩照顧好，這才是最重要的。

　　如果是協議兩願離婚，那在離婚協議書上，雙方通常除了財產之分配、贍養費之給予會明白約定外，對於小孩子的監護權歸誰，亦是非常重要的一點，有時候為了監護權爭執不下，相對地也讓雙方之協議離婚無法談成，既然無法談成協議只好上法院請求判決離婚，萬一沒有符合的法定離婚事由，那就會離不了婚，雙方便繼續僵持下去，直到一方妥協或出現法定離婚事由為止(如一方難耐寂寞，通姦被抓到了)，這樣一來，這場戰爭恐怕是要長期抗戰了。至於判決離婚時，法官會把小孩子的監護權判給誰？沒有監護權之一方又要有如何之探視權？這就要來看民法第一千零五十五條之規定：

1. 夫妻離婚者，對於未成年子女權利義務之行使或負擔，依協議由一方或雙方共同任之。未為協議或協議不成者，法院得依夫妻之一方、主管機關、社會福利機構或其他利害關係人之請求或依職權酌定之。

2. 前項協議不利於子女者，法院得依主管機關、社會福利機構或其他利害關係人之請求或依職權為子女之利益改定之。

3. 行使、負擔權利義務之一方未盡保護教養之義務或對未成年子女有不利之情事者，他方、未成年子女、主管機關、社會福利機構或其他利害關係人得為子女之利益，請求法院改定之。

4. 前三項情形，法院得依請求或依職權，為子女之利益酌定權利義務行使負擔之內容及方法。

5. 法院得依請求或依職權，為未行使或負擔權利義務之一方酌定其與未成年子女會面交往之方式及期間。但其會面交往有妨害子女之利益者，法院得依請求或依職權變更之。

因為法條之文義很清楚（雖然執行上仍有部分之技術問題存在），所以不再做分析，而這個法條是在民國八十五年時做全面性的修正，各位不難看出來其中有很多關於子女監護、探視的事項，都已經賦予法院在子女最佳利益考量之下，以職權來判斷認定，而監護權屬誰，也不再是個永遠的既成事實，只要做得不好，隨時都有被聲請改定監護權之可能，所以其實沒什麼好爭的，照顧得好才重要。而現在的觀念已經改成以子女的最佳利益為考量，父母自然不可再將子女視為是自己之財產來對待，若真要爭個你

死我活，充其量只不過是為將來要發生之悲劇在鋪路罷了。

有人還是要問：就算是如此，那我該提出什麼證據才能讓法官把子女之監護權判給我？其實法官要把子女的監護權判給誰，雙方所提出來之證據資料只不過是個參考，法官還會經過相當之調查，再函請主管機關派社工人員進行相關之訪查、製作訪查報告，然後法官才會據以為判決之參考及認定。而法官要如何參酌以為判決之依據，還是要注意民法第一千零五十五條之一之規定才行，該條之規定為：「法院為前條裁判時，應依子女之最佳利益，審酌一切情狀，參考社工人員之訪視報告，尤應注意左列事項：一、子女之年齡、性別、人數及健康情形。二、子女之意願及人格發展之需要。三、父母之年齡、職業、品行、健康情形、經濟能力及生活狀況。四、父母保護教養子女之意願及態度。五、父母子女間或未成年子女與其他共同生活之人間之感情狀況。」

父、母因為有血源之關係，所以永遠都是父母，就算是給人收養了，充其量也只是養父、養母，而生父、生母則是永遠都改變不了的；不過監護權可就不一定，監護權只是為照顧、保護、教養未成年人所設之一種法律制度，因此，為了未成年子女利益之考量，有時也不得不以法律之規定來剝奪父、母之監護權。依民法第一千零五十五條之二之規定：「父母均不適合行使權利時，法院應依子女之最佳利益並審酌前條各款事項，選定適當之人為子女之監護人，並指定監護之方法、命其父母負擔扶養費用及其方式。」通常在父母雙雙入獄服刑，或是一方入獄服刑，另一方卻有死亡、下落不明、心神喪失、精神耗弱等情況無法行使監護權

之時，便會有本法條之適用，由此可見監護權並不是絕對的，也不是非由父、母來擁有才行，如何才能對未成年子女最有利，才是重要。

◈ 八、有監護權之一方可否要求將小孩改姓？

案例••

張志明與黃春嬌夫妻二人辦妥離婚手續了，雙方約明所生之子張小華之監護權歸女方黃春嬌行使。之後張志明不願對張小華負扶養之義務，黃春嬌就語帶威脅地告訴張志明說：不養沒關係，不養我就去把他改從母姓，改叫黃小華，不要跟你姓張。

問題••

春嬌的說法在法律上做得到嗎？

解析••

經常遇到已離婚而有監護權之母親來問：小孩現在已是我的了，我不想讓他再從父姓，想把他改成跟我姓，可不可以？依照舊法規定，答案當然是不可以，之前都直接就回答說不可能、做不到，可是現在已經有所變化了；不過要先提幾個問題，改了姓就不是他父親生的嗎？改了姓就可以叫別人爸爸了嗎？改了姓就跟他父親一點關係都沒有、從此就可以一刀兩斷了嗎？千萬不要把大人婚姻不幸福的爭戰延續到子女之身上，否則將來恐怕會悔不當初。自昔以來，社會皆以父系為傳統，所以子女都是從父姓，而女兒嫁了就是別人的，既然是別人的，再生下子女時當然也是

別人的，所以當然是要從夫家的姓，姓氏也就成了血源判斷的依據，這樣的觀念自然也會顯現在我們的法律制度上；加上以前的立法委員都是男的，現在也絕大多數都是男的，所以在法律制度上要做徹底之改變，當然不是一朝一夕可及的。不過為了追求男女平等，其實也不是沒有在努力，民國七十四年的時候，民法第一千零五十九條第一項就修正加了但書的規定，使法條成為：「子女從父姓。但母無兄弟，約定其子女從母姓者，從其約定。」雖然現在比較少招贅之情形，但是為求平等，第二項還是有「贅夫之子女從母姓。但約定其子女從父姓者，從其約定」之規定，由此即可推知，子女出生的時候如果要從母姓，就得有二個要件才行：第一便是要母親沒有兄弟（法務部已有修正草案要將此部分刪除），第二還要經過約定才行。母親有兄弟就別談了，若是沒有兄弟但是無法達成約定從母姓之協議，那也沒什麼好談的，所以雖然有法律之明文，可是有時候執行起來還是困難重重。

　　改姓雖然不能改變什麼樣的事實，也不能確保小孩子會因改姓而乖乖長大、不變壞、不惹是非，可是既然有很多人還是把改姓當成非常重要的事，大概就當成像不動產辦理所有權移轉登記一樣重要吧！認為一定非要改了姓，才能確保是自己的。所以立法委員也很努力地加以完成修法了，據九十二年六月二十五日修正公布的「姓名條例」第六條之規定：「有下列情事之一者，得申請改姓：一、被認領者。二、被收養或終止收養者。三、夫妻離婚，未成年子女姓與行使親權之父或母姓不同者。四、原住民因改漢姓造成家族姓氏誤植者。五、其他依法改姓者。夫妻之一方

得申請以其本姓冠以配偶之姓或回復其本姓；其回復本姓者，於同一婚姻關係存續中，以一次為限。」

經過姓名條例以上之修正後，依其第六條第一項第三款之規定，夫妻離婚後，有監護權之一方就可以申請將小孩子原本與自己不同之姓改為與自己同姓。但是改了姓是不是就可以排除他方對小孩子的探視權？這當然是兩回事，就像之前所提到的，不管如何改法，血源關係之存在是永遠改不了的事實，所以常有些人說要登報脫離父子關係或母子關係，這當然都是無意義而行不通的。姓名條例雖然修改了，但在傳統男尊女卑的思想未完全配合修正、未達到真正男女平等之前提前，為了意氣之爭而去運用這個法條把子女改姓的話，顯將面臨諸多的困擾及衝擊，所以雖然有了申請改姓的法源依據，但是真正要去使用時還是奉勸要小心評估才好，千萬不要出現像聲請保護令一樣，曾經有人因為被先生打而聲請保護令，結果先生接到保護令之後就抓狂用殺的。天下事無奇不有，有時想要受法律之保護卻得到反效果，能不謹慎嗎？

再就監護權言，其實不應該稱為「權」，因為把它當成一個「權利」的話，問題就很大；最好應該要把它看成是個「義務」才對，應該是一個要如何把子女照顧、教養好的義務，所以有監護權之一方，要好好盡到義務才是，如果認為有了監護權就可以隨心所欲，那可就要大錯特錯了。其實監護權在小孩子成年（滿二十歲）之前才有意義，當小孩子成年了，已經取得了完全之行為能力後，監護權也就不存在了。那在未成年之前，監護權有何意義？依照

民法第十二條之規定:「滿二十歲為成年。」而未滿七歲之未成年人,無行為能力,滿七歲以上之未成年人則有限制行為能力(民法第十三條第一、二項規定),而行為能力有什麼重要性呢? 較常遇到民法關於行為能力之規定,有下列幾條原則性之規定:

民法第七十五條(本文)	無行為能力人之意思表示,無效。
民法第七十六條	無行為能力人,由法定代理人代為意思表示,並代受意思表示。
民法第七十七條(本文)	限制行為能力人為意思表示及受意思表示,應得法定代理人之允許。
民法第七十八條	限制行為能力人未得法定代理人之允許,所為之單獨行為,無效。
民法第七十九條	限制行為能力人未得法定代理人之允許,所訂立之契約,須經法定代理人之承認,始生效力。

除上述之外,還有一些關於行為能力之例外規定,但是我們的討論重點並不在行為能力,而是在行為能力與監護權之關係。由上我們可知,為了保護未成年人(包含無行為能力或限制行為能力)因思慮未深而無故受害,法律才規定須由法定代理人代為意思表示、代受意思表示,或是須得法定代理人之允許或承認;但是回到民法第一千零八十六條之規定時:「父母為其未成年子女之法定代理人。」由此規定可知,父母關於未成年子女法定代理權之行使,並無誰先誰後之問題,而是要共同為之,若父母婚姻關係良好,問題可能不大,若關係不好甚至已經離婚了,那問題自然就來了,比方要去銀行幫小孩子開個戶,開戶申請書上非得要

有法定代理人即父母二人共同之簽章不可，想幫小孩子辦個護照帶出國去玩，申請書也要父母共同簽章才行，少了一個就辦不成。所以，協議離婚時把監護權歸屬約定好或是判決離婚時由法官來指定監護權歸誰，此時依最高法院六十二年臺上字第一三九八號判例所示之旨：「……由一方監護者，不過他方之監護權一時的停止而已，……」故其後在辦理戶籍登記時就會把監護權之歸屬一併登記在戶籍登記簿上，將來遇到類似須要法定代理人共同簽章之場合，就以戶籍登記上之監護權人一人來代之即可，而不須再去拜託他方出面才成，這是關於監護權誰屬的一個大差別，其他的，真的只是盡義務而已，不算是什麼權利。

而且，取得監護權之一方，除了原有對於未成年子女之保護、教養義務外，還要注意到侵權行為之連帶賠償責任，亦即倘未成年子女發生侵害他人權益之事項時，這種情況不論是故意的殺人、傷人，或是駕駛車輛不慎致他人受傷、死亡，甚至小學生跟同學在玩，不小心傷害到對方等等都算，本來都是要由法定代理人即父母來負連帶損害賠償之責任，此時若是有監護權誰屬之問題時，便要由有監護權之一方來負責賠償，沒有監護權之一方，因為其監護權是被暫時停止，自無法再對未成年子女負起監督之責，當然不能令其就該未成年子女之侵權行為負責（最高法院八十年臺上字第一三二七號判例參照）。所以，監護權真的是一個義務而已，一定要有把握能把未成年子女照顧好，再來爭取監護權，若有了監護權又照顧不好而讓他學壞，恐怕將會是一場惡夢。

◆ 九、有監護權之一方可否自己決定將小孩給別人收養？

案例 ....

黃春嬌果真去戶政事務所申請把小孩子的姓名由張小華給改成了黃小華，而這麼一來張志明就真的被惹火了，非但不付扶養費，而且更變本加厲地不聞不問了。於是黃春嬌使出殺手鐧，乃更進一步威脅要把黃小華給別人辦收養。

問題 ....

春嬌的說法做得到嗎？

解析 ....

之前我們提到過夫妻離婚後，有監護權之一方可不可以申請將小孩子改姓之問題，雖然因為法令之修改而得到肯定的答案，可是有人還是不死心，非要弄到一刀兩斷不可，便突發奇想要把小孩子給別人收養，藉以中止其與親生父（或母）之關係；或是當有監護權之一方出現再婚之狀況時，更會產生這樣的問題，亦即會希望由再婚之配偶來收養其與前夫（妻）所生之子女，藉使他（她）們的關係能更密切。可是問題是有監護權之一方真的可以不經他方之同意就把小孩子給別人收養嗎？

因為夫妻關係本來就是依照法律規定而成立的，所以可以用離婚來做一個了結，但是親子關係、血源關係卻是永遠無法抹滅

的，若是經由父母雙方同意而合法辦理收養之手續，則養子女與
本生父母之權利義務關係雖不是消滅，但也因而造成暫時停止。
若是能僅由一方之決定即同意將子女予以出養他人，導致他方之
親權亦將因而暫時停止，則他方原本基於血源關係而來之親權即
顯然不受尊重；而且約定或被判定沒有監護權之一方只是其監護
權之行使暫時被停止而已，將來如果出現他方死亡或其他法定事
由時，亦可再依法取得監護權或是聲請法院改定監護權而將監護
權取回，是而倘若可以僅由一方之同意而將未成年子女予以出養
他人，則他方此部分之權利豈不形同具文？所以，縱然是擁有監
護權之一方，也不能單憑自己之決定即將未成年子女給人收養。

　　而法院在認可收養的時候當然也會就此部分事實進行調查，
實務上在最高法院七十四年臺上字第一五二七號裁定曾表示：「有
監護權之一方，未經無監護權他方之同意，單獨將其監護之子女
出養他人，其收養即難謂非有得撤銷之原因。」因為在七十四年六
月三日民法親屬編修正之前辦理收養之手續並不須經過法院之認
可，而戶政事務所又較欠缺實質審查之機制，所以比較容易就可
以辦得過去，因此當時發生這種情形之時，沒有監護權之一方只
好另行請求法院撤銷收養；但是在修法後就不會再發生這種情形
了，因為倘若未經過沒有監護權一方之同意，則在法院調查發現
後根本就不會認可收養，自然也就不會出現請求撤銷收養之訴訟。

　　綜上，離婚後想要將子女改跟自己姓，因姓名條例已修正而
可以得到正面之答案，但是如果以單方之意思即想將小孩子予以
出養他人，則對另一方而言，將因出養之結果而與小孩子間之權

利義務關係暫時被中止，此對他方親權之影響層面太大了，實務上不予允辦應該是正確的。

◇ 十、當保姆幫人帶小孩要小心！

張姓夫婦二人，幫一位未婚生子之邱小姐帶小孩，約定帶二十四小時、每月保姆費為二萬元。張姓夫婦幫人帶小孩賺取保姆費本來就是為日常生活經濟所需，無奈邱小姐竟然支付前幾個月之保姆費後即去向不明，之後一年多都未再出現，已經完全不出面看小孩了，當然保姆費就更不用說了，讓張姓夫婦非但無法賺保姆費供為家用，反倒要多支出養一個小孩子的花費，對家庭本已不佳之經濟言，猶如再蒙上一層厚重的霜雪；而小孩子生病了，輾轉打電話去跟邱小姐的家人講，還被其家人罵，更叫張姓夫婦不得再去騷擾，就這樣經過將近一年半，張姓夫婦已不堪負荷且忍無可忍，在管區警員之建議下就對邱小姐提出遺棄之告訴。檢察官通知開庭時，邱小姐因為獲悉刑事傳票之關係總算出現了，但是在開庭時一個嘴臉，出到庭外就又一個嘴臉，更一再向張姓夫婦放話，聲稱就是不想付保姆費，要等小孩養大了才要來帶回去；而若是現在讓她帶回去就要把小孩賣掉，因為已有人出價五十萬跟她買；但是就算賣了錢也絕不用來支付保姆費，逼得張姓夫婦好幾次都想動手打她一頓。最後檢察官礙於法律之規定竟然也拿她沒辦法，終究還是給了她一個不起訴之處分。

在檢察官之建議下，張姓夫婦狠下心來將已有感情之小男孩

送到縣政府社會局去，請社會局
幫忙處理；社會局將小孩送到特
約托兒所寄放，次日張姓夫婦不
放心而去探望，發現當日正值寒
流之際，小孩竟僅穿著單薄之衣
物縮在一旁，鼻水直流而無人置
理，張姓夫婦於心不忍乃又將小
孩帶回照料。在檢察官結案之

前，邱小姐曾數次出面想要將小孩帶走，但是因無法對積欠之保
姆費給一個交代，當然是無法順利帶走，邱小姐為達其目的，竟
委律師起訴請求法院判決張姓夫婦應依法交付子女返還予邱小
姐，基於血源之關係，張姓夫婦上了法庭根本就毫無可用以抗辯
不必交出小孩之理由，承審法官也想一下子就把案件結掉，差點
一庭就結案；還好我跟著去旁聽而把法官馬上結案之念頭給擋了
下來，最後法官才決定延後二個月再開庭，等看雙方有無和解之
可能，而庭後我也叫張姓夫婦去調解委員會申請調解，最後終於
達成分期清償保姆費以及下次開庭時當庭交付孩子的和解。

　　就本件實際發生之案例，可知天下事真是無奇不有，連保姆
費都有人敢欠，也不想想小孩在人家手上會受到什麼樣的對待，
所以，這種事只有不負責任、沒良心的母親才做得出來。一般常
理來說，哪一個母親不是對小孩牽腸掛肚、竭盡所能要給小孩最
好之照顧，總不願讓小孩受到任何之危害？可是就本案例來看，
真無法想像一個身為母親之人如何可以對自己辛苦懷胎十月生下

的小孩這樣地不予置理，反倒是張姓夫婦不但未能按時收到保姆費還要受邱小姐言語之蹧躂，卻仍能細心把小孩照顧得好好的，在現在的社會裡大概也不多見了。其實介紹這個案例並沒有其他法律上的意見，因為不論是將小孩給人帶或是幫人帶小孩，本來就要先對對方有些了解才行，才不會發生找不到父母要保姆費，或是更嚴重一點發生保姆人去樓空將小孩帶走而找不到小孩的狀況。其次，只是覺得發生這樣的狀況時，因為法律規定真的不夠周延，此時如果承審檢察官及法官能先將法律放一旁，多以社會公平正義為出發，有意無意地給這位不負責任的媽媽一點壓力，多做一點法律規定以外但又不屬違法之動作，而不要以結案為優先考量，如此一來是不是也就能給張姓夫婦多一點的事理之平及權益上之保障？在職責上這才真正是在為社會解決問題，而不是專在解決手上的案件，我認為這是司法實務運作上蠻欠缺的一、二事。

◈ 十一、夫（妻）債，妻（夫）要不要負責還？

案例 ．．

莊董的房客小陳在幾個月前被公司給解僱了，因為失去收入來源，也因而造成信用卡卡款繳不出來，最近竟然常接到銀行委託的催收帳款公司寄來通知，指定日期要來家裡查封電視、冰箱等家電用品。而陳太太知悉後則暴跳如雷，說那些都是她的嫁妝，怎麼可以加以查封？

問題 ●●●

　　陳太太的說法會受到法律之保護嗎?

解析 ●●●

　　在執行律師業務之過程中，時常都會遇到有人問：⑴先生在外經商失敗欠的債務，可不可以查封太太名下的財產來求償？⑵太太已經跑掉不知他去了，她在外面欠債時，債權人可不可以來找先生要債？或是當出現類似此兩種狀況時，夫妻二人要不要去辦假離婚藉以躲避債務等等問題,如果未先理清其間之利害關係，真的因而去辦了離婚登記，當遇到有一方心懷不軌時，時常便會利用此假離婚之機會達到真正離婚之目的，然後置他方於不顧，雙方就會產生糾紛及仇怨。這些問題其實由來已久，但是始終皆為一般民眾所無法清楚了解，因而產生的嫌隙及誤會便不間斷，甚至不幸的事件也一而再地發生。

　　這個問題之引發係來自於舊農業社會重男輕女之觀念，加上以前的政治都是男人的專利，立法者都是男性，自然立出來的法都是對男人照顧有加，不過這幾年來其實也已經好多了便是；依民法第一千零五條就夫妻財產制之規定為:「夫妻未以契約訂立夫妻財產制者，除本法另有規定外，以法定財產制，為其夫妻財產制。」而所謂之法定財產制依民法親屬編第二章第四節第二款所示即指「聯合財產制」而言，因此如果夫妻未辦理分別財產制或是其他約定之財產制，便以聯合財產制為其夫妻之財產制，再回顧七十四年以前舊民法親屬編即民法第一千零十七條關於聯合財產制之規定為:「一、聯合財產中，妻於結婚時所有之財產，及婚姻

關係存續中因繼承或其他無償取得之財產，為妻之原有財產，保有其所有權。二、聯合財產中，夫之原有財產及不屬於妻之原有財產之部分，為夫所有。由妻之原有財產所生之孳息，所有權歸屬於夫。」所以基本上妻能保有所有權之財產只有其「原有財產」，而所謂妻之「原有財產」則係指⑴結婚前所有之財產；⑵婚姻關係存續中因繼承或其他無償取得之財產二種，甚至妻基於其原有財產所產生之孳息都規定是屬於夫所有。很明顯吧！這條法律不是男人自己訂的才奇怪。這樣規定會有什麼影響？當無法證明是妻之「原有財產」時，則全部之聯合財產就都屬夫所有，就算是登記在妻名下之不動產，因為妻無法證明該不動產係屬其「原有財產」之結果，便會被認為係屬夫所有，此時如果夫在外欠債，夫之債權人便可以將其查封拍賣求償，影響所及，就算有完整之所有權登記，亦無法保護妻之權利；但是相反言之，妻之債權人所能查封拍賣求償之部分則僅有妻之「原有財產」，其範圍就顯得較小了，這也是以前為什麼先生都好意開公司讓太太掛名當董事長，支票用太太的名義申請，然後就算倒閉了，債權人也不能找先生要債，跳票了，就抓太太去關（票據刑罰未廢止前，支票跳票是要被判刑的），而較有良心的先生就會帶著外面「新愛的人」炒的小菜去監獄給太太面會，沒良心的就置之不理，更沒良心的就趁此機會以太太入監服刑、無法履行同居義務或犯不名譽之罪等理由請求判決離婚。看吧，男人是不是很壞（特別聲明：我不是女生）？

　　後來，糾紛越來越多，婦女因此受害更是常見，最後當然只

好修法了。七十四年六月三日是第一個區分的關鍵，這次修法把
亂源的民法第一千零十七條修改成：「一、聯合財產中，夫或妻於
結婚時所有之財產，及婚姻關係存續中取得之財產，為夫或妻之
原有財產，各保有其所有權。二、聯合財產中，不能證明為夫或
妻所有之財產，推定為夫妻共有之原有財產。」這樣子好多了吧！
結婚前各自原有的，以及婚姻關係存續中各自取得的財產都稱為
「原有財產」，不再限定為繼承或其他無償取得而來，都可以各自
保有所有權，這真是男人給女人的福利耶，不錯吧（千萬不要恨
我）！而且當不能證明是夫或妻的財產的時候，就算是夫妻共有的，
也很好啊！共有總比通通算夫所有來得好。所以在此次修法之後，
夫之債權人便無法再將登記在妻名下之財產直接拿來查封執行，
反之亦是如此，如此看起來男女應該是有些平等了吧！但是問題
還是沒完全解決，因為法律有「不溯既往」之原則，新法並不能
適用於七十四年六月三日以前就已結婚又未約定夫妻財產制的人
身上，這些年來這些人的問題還是存在。為了解決這個問題，於
是經立法院增訂後，總統在八十五年九月二十五日公布民法親屬
編施行法第六條之一，此法條規定：「中華民國七十四年六月四日
以前結婚，並適用聯合財產制之夫妻，於婚姻關係存續中以妻之
名義在同日以前取得不動產，而有左列情形之一者，於本施行法
中華民國八十五年九月六日修正生效一年後，適用中華民國七十
四年民法親屬編修正後之第一千零十七條規定：一、婚姻關係尚
存續中且該不動產仍以妻之名義登記者。二、夫妻已離婚而該不
動產仍以妻之名義登記者。」簡單講也就是以一年之時間給這些

「老夫老妻」考慮，如果有上述第六條之一之情形時，請夫在一年之內將登記名義人變更回來夫之名下，超過一年之期限還登記在妻之名下時，即視為妻之財產，亦即與七十四年修法後之新法同步適用，基本上也就是「登記誰的就是誰的」。算到現在，一年的時間早過去了，還沒去辦的就算了，不知道的也沒救了，因為法律本來就是這樣地無情。

　　把這個問題詳細攤開來講，是要一般人都能了解其間之利害關係，也不要再重複問一樣的傻問題了。到現在，就算沒有去辦夫妻分別財產制，夫妻的財產就是依「登記誰的就是誰的」的大原則來辦理，在對外關係上確是如此，夫之債權人絕無法再去查封妻名下之不動產來拍賣；但是妻千萬不要去當夫之保證人（或連帶保證人），或是在先生所簽發之支票背書，否則本人上述所論將因為保證責任及票據債務之關係而全部失效。而對夫妻內部之關係而言呢?婚姻關係消滅時之剩餘財產分配請求權還是存在的，此部分容待後續再為說明。而要先說明的是，在九十一年六月二十六日民法親屬編又做了修正，此次修正，第一千零十七條又在修正之列，其第一項修成:「夫或妻之財產分為婚前財產與婚後財產，由夫妻各自所有。不能證明為婚前或婚後財產者，推定為婚後財產;不能證明為夫或妻所有之財產，推定為夫妻共有。」加上第一千零十八條簡化成:「夫或妻各自管理、使用、收益及處分其財產。」因為第一千零十八條所稱之財產並沒有區分為婚前財產或婚後財產，表示二者都包括在內，所以妻對於財產之掌控可說是取得完全之自主權，以前須歸夫管理的財產，現在依法都可以自

己管理了，更加上第一千零二十三條第一項規定：「夫妻各自對其
債務負清償之責。」如此一來，我們的法定財產制就更像分別財產
制了，就算不去辦理分別財產制，原則上都會有相同之效果，也
不用再擔心夫之債權人查封妻之財產或妻之債權人查封夫之財產
之情形會再發生。但是還要再強調一次，如果互相當了保證人、
連帶保證人或票據之背書人的話，那以上的言論可就不負責任了，
因為那已屬於不同之法律關係而須適用不同之法律規定。

◆ 十二、剩餘財產分配請求權是什麼？

案例 •••

　　春嬌本來是個家庭主婦，經濟來源都要靠先生志明提供，而
志明則保留大部分的薪水收入，努力幾年後就買了一間房子並登
記在自己名下。後來二人因故離婚之後，春嬌一下子找不到適當
之工作，以致生活陷入困難，莊董知悉上情後，就告訴春嬌可以
向志明要求分配財產。

問題 •••

　　春嬌有無莊董所說的權利？要如何去主張？

解析 •••

　　如前篇所述，修法又修法的結果，已經把夫妻財產制的部分
搞定了，看起來應該公平多了；可是請再看清楚一點，這樣就真
的完全公平了嗎？其實形式上是公平了，但是實質上就還有一點
點疑問，因為假設夫在外有工作收入，而妻負責家管、帶小孩，

其家庭經濟來源全靠夫賺錢支應的話，那在家之一方豈不毫無收入可言？其婚後財產除了繼承、受贈之外，只剩下偷偷存私房錢一途才能使其增加，但這又顯得太不光明正大了，這在實質之公平上顯然確有所不足，所以近來社會上之婦運團體也一直在主張、宣導「家務有給」之觀念，就是雖然婦女是在家操持家務而沒有其他之收入，但因她所負責的家庭工作對於在外工作之一方確有其助益，依分工之原理自然須讓她取得相當之代價，故而規定在家庭生活費用之外，得經由協議而給其相當數額之金錢供其自由處分（民法第一○一八條之一），這就是所謂之「自由處分金」之規定。不過我還是覺得立法者的出發點十分良善，但是執行起來究竟該如何去做卻是十分困擾，就像之前沒有家庭暴力防治法之規定，受家暴之婦女頂多只是被打，等到利用家庭暴力防治法去聲請保護令之後，先生一接到法院發的保護令反而抓狂用殺的，我想這也是立法者在立法時所料想未及的。

　　如果因為一方有工作、一方沒工作，或是一方在外做生意賺大錢、一方卻守著家庭照顧子女，造成一方之婚後財產增加快速且龐大，而另一方卻寥寥無幾；加上賺大錢的人包二奶、三奶而要棄糟糠之妻於不顧，造成雙方離婚之事實時，如就此完全不計較雙方對家庭之付出而一拍兩散各奔前程，則沒收入、沒財產之一方豈不很快就會餓死而活不下去？「家務有給」之善意亦將無法落實。因此一不公平之現象確實存在，於是在法律規定上便須有加以保護之機制，依民法第一千零三十條之一第一項規定：「法定財產制關係消滅時，夫或妻現存之婚後財產，扣除婚姻關係存續

中所負債務後，如有剩餘，其雙方剩餘財產之差額，應平均分配。但左列財產不在此限：一、因繼承或其他無償取得之財產。二、慰撫金。」據此規定便可讓操持家務而沒有財產之一方，藉以在婚姻關係消滅時，得向他方要求做財產之分配，在扣除債務之後，還可以要求他方交付所剩財產之一半。但是這個規定還要提防一種情形，就是如果沒有財產、收入之一方並不是像前面所述是在家操持家務屬於經濟上弱勢之一方，而是根本就好吃懶做、不事生產、耍賴吃定人之一方，此時努力賺錢之一方若要將他掃地出門，還得分他一半財產，那還得了！所以如果遇到那種無賴且因可歸責自己之因素被離了婚，還要依此規定回頭要求做剩餘財產分配的話，那就有必要運用民法第一千零三十條之一之第二項規定：「依前項規定，平均分配顯失公平者，法院得調整或免除其分配額。」提出抗辯，法官應該會在進行調查後依職權認定而給一個完滿的答案才是。

不過這個請求分配剩餘財產之規定並不是沒有時間限制的，依同條第四項之規定：「第一項剩餘財產差額之分配請求權，自請求權人知有剩餘財產之差額時起，二年間不行使而消滅。自法定財產制關係消滅時起，逾五年者，亦同。」所以當發生離婚之事實又有請求分配剩餘財產之必要的話，時間上要確實掌握到才行。至於他方如不同意進行結算及給付的話，提起訴訟將是必經之路，而在訴訟程序之主張上，請求分配之一方的舉證責任當然是免不了的，一定要有辦法將他方之婚後財產做一初步之舉證讓法官憑以認定，而非僅空洞地泛稱對方全部之婚後財產，而自己的部分

如果也有婚後財產或是債務存在，也要明列出來以便於比對計算或扣除，列舉得越精確，法官就越容易做出判斷。

　　其實剩餘財產分配請求權並不僅止於雙方離婚之時才有用，夫妻在發生一方死亡之狀況下，如死亡之一方其名下擁有龐大之遺產而須繳納鉅額之遺產稅時，生存之他方亦有必要出面向稅捐單位主張剩餘財產分配請求權，藉此可將扣除繼承債務後之遺產總額降低一半，其計算遺產稅之總額及稅率都會明顯降低，這在節稅作用上有非常明顯之效果。但前提是要其他同為繼承之人都沒有反對意見才行，否則在主張之程序上還是會出現一堆麻煩。

◈ 十三、誰有繼承權？

壹、關於誰有繼承權部分

　　繼承，因被繼承人死亡而開始，此為民法第一千一百四十七條所明定，所以偶會遇到有人來說要立拋棄繼承權的切結書，但一問之下才發現其父或母根本都還健在，因為被繼承人沒有發生死亡事實之前，並無所謂的繼承權存在，當然就沒有拋棄不拋棄之問題，所以就算寫了拋棄書也不能發揮其作用；但是開始繼承之後，到底誰才有繼承權？有些人爭遺產爭得頭破血流，到最後發現沒有繼承權，那玩笑就開大了，社會上亦常見當媳婦的，為了想多分一點公公、婆婆的遺產而爭得面紅耳赤，卻忘了自己根本就沒有繼承權，也見過女婿為了幫太太多爭一些遺產，就加入戰場跟著人家吵半天，這些情形都相當不好，其實只要公平、依

法辦理，就可以避免發生這些不愉快的事。因此，如何清楚地了解繼承之順位及關於應繼分之規定當然是有絕對之必要。

誰才有繼承權？依民法第一千一百三十八條規定為：「遺產繼承人，除配偶外，依左列順序定之：一、直系血親卑親屬。二、父母。三、兄弟姊妹。四、祖父母。」這就是繼承之順位，前一順位如果有人繼承，那下一順位的人就沒有繼承權，基本上有無繼承權便以此為區分，但是其間仍然有一些細節之問題，須要逐一來說明：

㈠為什麼第一千一百三十八條要規定「除配偶外」？配偶沒有繼承權嗎？

　　當然，配偶一定有繼承權，只是配偶的繼承順位是跟著其他應為繼承之人之順位而浮動的、是會跑的，而且配偶的應繼分也會跟著變動，也就是如果有第一順位之繼承人時，配偶就跟第一順位之繼承人一起繼承，沒有第一順位之繼承人時，配偶就跟第二順位之繼承人一起繼承，以此類推下去，當然，如果四個順位都沒人的話，那就全歸配偶一人繼承了，為了看得更清楚，故將民法第一千零四十四條之規定畫成表格來加以說明：

依第一千一百三十八條規定之繼承順位而與配偶共同繼承之人	配偶之應繼分
第一順位（直系血親卑親屬）	按人數比例平均繼承
第二或第三順位（父母、兄弟姊妹）	配偶得遺產的二分之一
第四順位（祖父母）	配偶得遺產的三分之二
皆無第一至第四順位之繼承人時	遺產由配偶全部繼承

㈡養子女有沒有繼承權?

　　古時候養子女沒有繼承權，後來改成與嫁出去之女兒相同，只能繼承婚生子的一半，直到民法公布施行，繼承順位及應繼分就不分兒子、女兒，也不問親生或收養，而概括規定第一順位之繼承人為「直系血親卑親屬」，而第一千零七十七條又規定:「養子女與養父母之關係，除法律另有規定外，與婚生子女同。」是以養子女與養父母間之關係既然與婚生子女同，在無其他法律特別規定之情況下，養子女的繼承權當然與婚生子女同，也就是同視為直系血親卑親屬，與婚生子女同為第一順位之繼承人，而得與婚生子女按比例平均繼承。

㈢被繼承人娶的小老婆或是外面養的「女人」，有沒有繼承權?

　　這個題目很難修飾，所以只好據實陳述，希望大家諒解! 我們的法律規定有配偶者不得重婚，而且一人不得同時與二人以上結婚(見民法第九百八十五條)，在婚姻制度上採的是一夫一妻制。婚姻制度既採一夫一妻制，那當然只有正式結婚、辦了戶口登記那個才能稱為配偶，其他的被稱為小老婆算是禮遇，稱為外面的女人算是正常，被稱為狐貍精的話應該是積怨已深吧! 不過不管其稱謂如何，依法這些人都是沒有繼承權的，在辦繼承登記的時候，也就沒有必要去徵得她們之同意或要她們提出印鑑證明、蓋用印鑑章。不過她們仍有可能依民法第一千一百四十九條規定:「被繼承人生前繼續扶養之人，應由親屬會議，依其所受扶養之程度及其他關係，酌給遺產。」據以要求應酌給遺產，其實這個法條的存在應該是一個亂源，因為本來出面請求酌給遺產之人對於

繼承人而言大多已屬外人，而且可能雙方已有嫌隙，加上親屬會議成員是誰？誰會為一個外人召開親屬會議？召集之後如何作成決議？對決議之內容不服又該如何？而這一連串難解的問號就會有很多訴訟由此而生，所以這個法條當然是個亂源。

㈣被繼承人在外面跟別人生的小孩有沒有繼承權？

這個問題針對的是指被繼承人為男性之情形，如果被繼承人是女性的話應該沒這個問題，因為常常見到初生嬰兒之出生證明書上父親欄空白，卻不曾見過出生證明書之母親欄空白，所以如果被繼承人是女性，那只要是她生的，都會有繼承權。而被繼承人是男性，又在外面跟別的女人生小孩時，如果被繼承人曾經辦理「認領」小孩子的手續，也入戶口了，當然就有繼承權，但是如果只知道確實是被繼承人生的，可是沒辦認領也沒入戶口，那偷偷告訴你，趕快去把繼承登記辦一辦，因為在戶籍資料上看不出被繼承人在外面還有這麼個孩子，所以辦理繼承登記的過程中，不會出現什麼困擾。至於他或她（外面生的小孩當然有可能是女的）以後要不要再主張認領或是起訴確認親子關係存在，然後主張要分遺產，那就留待以後再說，先把眼前的問題解決掉最重要。而且依民法第一千一百四十六條第二項之規定：「前項（繼承）回復請求權，自知悉被侵害之時起，二年間不行使而消滅。自繼承開始時起逾十年者，亦同。」等到時效一超過，也不用怕被人家告，自然是要先處理較為有利。不過這當然是站在正式婚姻關係下之元配及子女之立場來考量，對於被繼承人在外面生的子女自然就無法兼顧了。

㈤**媳婦對公公婆婆的遺產，以及女婿對岳父岳母的遺產，有無繼承權？**

沒有，沒有繼承權，再強調一次，繼承，除了配偶間是因為結婚而產生之關係而互相繼承之外，其他都是因為基於血源才會發生繼承之關係（而養子女則依法視為婚生），媳婦、女婿這種基於婚姻而生之親屬關係絕對沒有繼承權，請這些人在人家分遺產的時候，千萬不要太投入，那不關你的事，不要參與太多意見甚至跟人家爭半天，以免招惹人怨。

㈥**被繼承人的配偶早年去世，後來被繼承人又娶了一個，可是再娶的這個「二媽」原來就跟第三人或前夫生有一個孩子，這個孩子對被繼承人有無繼承權？**

這要看情形，如果被繼承人在婚後有收養這個孩子，那就成了養子（女），當然依法其權利義務與婚生子女相同，但是如果沒有辦收養，那基本上被繼承人與這個孩子之間即無任何關係，這個孩子對被繼承人即無繼承權；但反面言之，如果是「二媽」死掉了，那這個孩子當然對其生母之遺產有繼承權，反倒是元配所生之子女如果沒有被「二媽」收養的話，一樣對「二媽」沒有繼承權。

㈦**代位繼承人**

民法第一千一百四十條：「第一千一百三十八條所定第一順序之繼承人，有於繼承開始前死亡或喪失繼承權者，由其直系血親卑親屬代位繼承其應繼分。」簡單舉例言之，如爸爸比爺爺先去世，則將來爺爺去世之時，因其子已不在，此時即應由孫承接該繼承

之順位而與奶奶（即配偶）共同繼承，所以稱為「代位繼承」。在此要特別注意的是代位繼承依法只有在第一順位的繼承人才有適用，其他順位並無代位繼承之問題，特別常發生在應由第三順位（兄弟姊妹）繼承之時，如其中有人先死亡之時，依法不會由姪子（女）或外甥（女）來代位繼承；而除先死亡之外，所謂「喪失繼承權」之情形一般而言都涉及繼承人惡意或構成犯罪之行為，因為出現這些行為時將使被繼承人及其他同為繼承之人陷於人身之死、傷或權利上之損害，故而有必要用法律來規定使其喪失繼承之權利，其詳細之情形則規定在民法第一千一百四十五條：「有左列各款情事之一者，喪失其繼承權：一、故意致被繼承人或應繼承人於死或雖未致死因而受刑之宣告者。二、以詐欺或脅迫使被繼承人為關於繼承之遺囑，或使其撤回或變更之者。三、以詐欺或脅迫妨害被繼承人為關於繼承之遺囑，或妨害其撤回或變更之者。四、偽造、變造、隱匿或湮滅被繼承人關於繼承之遺囑者。五、對於被繼承人有重大之虐待或侮辱情事，經被繼承人表示其不得繼承者。前項第二款至第四款之規定，如經被繼承人宥恕者，其繼承權不喪失。」

貳、辦理繼承應注意的一些事項

1. 申報期限：被繼承人死亡時起算六個月內，得申請延長。
2. 可以不計入遺產總額之項目，例：「約定於被繼承人死亡時，給付其所指定受益人之人壽保險金額、軍公教人員、勞工或農民保險之保險金額及互助金。」（遺產及贈與稅法第十六條

第一項第九款)

3. 遺產稅之扣除額：⑴配偶：四百萬。⑵直系血親卑親屬：每人四十萬，未滿二十歲者每年加扣四十萬至成年，有拋棄繼承時依未拋棄前之原親等之人可扣除額為限。⑶父母：各一百萬。⑷前三款之人有重度以上身心障礙者，每人再扣五百萬。⑸受被繼承人扶養之兄弟姊妹、祖父母，每人扣四十萬，兄弟姊妹未成年者，每年加扣四十萬至成年。⑹被繼承人死亡前未清償之債務具有確實之證明者。⑺喪葬費用：一百萬為限（遺產及贈與稅法第十七條）。

4. 被繼承人個人之免稅額：七百萬元，軍警公教人員因執行職務死亡者，加倍計算（遺產及贈與稅法第十八條）。

5. 繼承之債務大過於遺產時，務必於繼承開始後二個月內辦理拋棄繼承之手續。債務不明確時亦可於三個月內辦理限定繼承。

6. 經繳納遺產稅取得完稅證明，或是經核定為免繳遺產稅而取得免稅證明後，才能持以辦理不動產之繼承登記，或是向銀行領取被繼承人之存款。

◇ 十四、繼承，繼承個什麼東西？

前些時候到鄉公所去法律服務，有個老婦人來問如何讓她的幾個不孝子盡點撫養她的義務，因為她有個兒子簽出一張切結書給她，聲明以後絕不繼承她的財產，但是現在也不對她負撫養之

義務，所以根本沒人管她的死活，生病要去看醫生都沒人帶。聽到老婦人涕淚縱橫地述說兒女的不孝，我想完蛋了，我知道這將又是另一椿不幸的人倫悲劇，而法律這個東西呢，根本無法幫她解決問題；可是有人便要問，告啊！刑事的告遺棄，民事

的告給付撫養費啊，不就這麼簡單嗎？是啊，真要告並不成問題，只是告了就真能幫她解決問題嗎？我想未必！刑事部分就算她兒子被判刑了，就算把她兒子通通抓去關起來，可是她欠缺的是生活費、三餐無以為繼、生病無人照顧，很顯然地，把她兒子抓去關並不能幫上忙；民事的呢，告贏了要去哪裡拿錢？這跟被倒會沒什麼不同，告贏都很簡單，麻煩的是如何把錢拿回來，在沒有現實地拿到錢之前，所有的確定判決對她而言都沒有意義。最後，我承諾要免費幫她寫寫律師函「嚇嚇」她兒子，但為什麼要用嚇的？因為在現實面而言，能幫上忙的機會真的不大，除非她兒子是那種怕麻煩、很愛面子、怕上法院、更怕被關的人，那就另當別論了，所以說只能用嚇的，夠悲哀了吧！不過悲哀的除了這老婦人之外，這個社會經常出現這樣的問題才真是悲哀。

　　在這個案例裡有一個值得討論的問題是，被繼承人都還沒死，繼承人可不可以先拋棄繼承權？這在社會上很常見，大家達成協議了，甚至與被繼承人一起達成協議，協議的內容是某些參與協

議的人，於現在先取得某種代價之後，即聲明拋棄對被繼承人將來所留財產之繼承權，而同意由其他參與協議之人來繼承。這樣的協議表面上看起來沒什麼問題，有時也常被用到，但是事實上依法這是不行的，因為依民法第一千一百四十七條之規定：「繼承，因被繼承人死亡而開始。」所以在被繼承人死亡之前，繼承並未開始，沒有所謂之繼承人，當然也就沒有所謂之繼承權，既然此時尚無繼承權之存在，當然也就沒有拋棄繼承權的問題，結論就是繼承權無法預先拋棄。但有人會問去公證也不行嗎？跟你說，不行就不行，被繼承的人都還沒死，哪來的繼承權可以拋棄？而且凡言曾道「棺材是裝死人的，不是用來裝老人的」，誰會先死都還在未定之天，誰會是誰的繼承人也都還不曉得，預先拋棄繼承權當然也就顯得很好笑，不是嗎？常見有人用這種預先拋棄繼承權之方式向父母要錢，然後聲明放棄繼承權，承諾以後父母百年之時所留之財產全部都讓給其他兄弟姊妹去繼承，家中如出現這種敗家子千萬不要受騙，因為將來有一天要辦繼承登記的時候，他不拿出印鑑章及印鑑證明來，繼承登記還是辦不了，到時候要不要被迫也給他繼承？答案就不用再問了。

　　但是若為了某種目的而事先簽立了該協議書，而後來果真發生繼承事實的時候，該協議書能不能用？這要分成二方面來說：首先，如果全部之繼承人都非常明理、都沒有意見、都願意按該協議來履行的話，那只要將該協議的內容轉換成「遺產分割協議書」即可，而遺產分割協議書因為是要送地政事務所辦理繼承登記的，所以各當事人都須蓋用印鑑章，在這種和諧之情況下，該

協議書已完成履行之目的，所以就不必再去討論它有沒有效；如果情況相反又如何？倘非要依該協議書之內容來完成不可，此時恐怕就會有提出訴訟之必要而要分析協議之內容了，針對事先拋棄繼承權之部分，誠如前所述，應仍是不生效力的，但是對於當事人間所為之其他承諾及達成合意之共識（如同意某一房屋歸何人所有，某一土地又由何人取得所有權等等），似乎應可在當事人間取得相當之拘束力，亦即讓擁有權利之當事人可以依據協議書起訴請求負有給付義務或同意義務之當事人履行協議內容之必要，如此才能讓有糾紛之當事人間有一個解決問題之明確方向，而且這種解決之結果是當初大家所同意的，自然會比較符合當事人之利益及要求，所以這種預立之協議並不見得會完全不發生應有之作用。

　　而發生被繼承人死亡之事實時，究竟繼承人是要繼承什麼東西？依民法第一千一百四十八條之規定：「繼承人自繼承開始時，除本法另有規定外，承受被繼承人財產上之一切權利、義務。」此即為本篇問題之所在，其實依法是被繼承人所有之權利及義務都包含在繼承之範圍之內，一般言之，權利指的當然是有財產價值之遺產（沒有財產價值的好像沒有人要，而且繼承人間都不會發生爭執，很怪），而義務指的就是被繼承人所負而尚未清償之債務，而依本條之但書另有規定：「但權利、義務專屬於被繼承人本身者，不在此限。」比方有些身分上的行為本來就是不能成為繼承權之標的，因為對被繼承人而言有其專屬性、特殊性在，因無法取代之結果自不能由其他人代替其地位（例：一身專屬之權利：如夫權、

親權、監護權、扶養請求權等等；一身專屬之債務：如藝術家、著作家之作為義務、身分保證、職務保證等，參最高法院五十一年臺上字第二七八九號判例：職務保證原有專屬性，除有特約或特殊情形外，保證人之責任因其死亡而消滅），最高法院所稱之職務保證就是現在民法第七百五十六條之一至之九所規定之「人事保證」，而人事保證因為具有專屬性，所以在第七百五十六條之七第二款即規定保證人死亡、破產或喪失行為能力時，其人事保證關係消滅，而既然人事保證關係在死亡之時消滅，當然即無法成為繼承之標的。但是此僅限於人事保證，如果是一般之保證就不可一視同仁了，而一般之保證也是繼承人最容易忽略的，因為被繼承人對外做任何之保證行為（如他人房屋貸款之連帶保證人、工程合約之保證人、賠償協議之保證人等等），因為其保證義務僅存在各個契約之間而沒有登記之制度，故無法公示於外讓繼承人可以查悉（不像遺產可以向國稅局請領遺產清冊），被繼承人如果不說（或沒機會說），繼承人不見得會知道，等到被繼承人死亡之後又過了辦理拋棄繼承（二個月）或限定繼承（三個月）之時間，到時整個債務才爆發出來而須繼承人負起繼承之保證債務時，通常都已是無法挽回，連救都沒得救，此時繼承之遺產如果不足清償該保證債務，就會去影響到繼承人個人原有之財產，所以這部分對繼承人而言確是須要特別注意的。

綜合以上，除了專屬性之權利、義務不能成為繼承之標的外，其餘被繼承人所留之遺產及債務，都會成為繼承人之財產及債務，在發生繼承之事實時，繼承人便要好好進行評估，究竟是要概括

繼承，還是須要辦理拋棄繼承或限定繼承，這對於繼承人之權利都是關係重大的，千萬不要只為了爭遺產而努力，如何免除無法預期的後顧之憂才是大學問。

◈ 十五、繼承之方式有得商量嗎？

父債，子要不要還？以前看電視節目常看到債權人逼討債務將債務人逼死，然後就說父債子要還，據以叫債務人的兒子去做長工還債，或是叫債務人的女兒要去賣身還債。暫時不管債權人討債之手段是否合法，其實編劇編出像這樣的劇情，僅能說只對了一半，另外一半錯在哪裡呢？因為按法律之規定，被繼承人死亡而發生繼承之事實時，雖然原則上繼承人就被繼承人之財產及債務全部都要繼承，但是卻忽略了繼承人可以在被繼承人死亡後二個月內去辦拋棄繼承之手續，或者是在被繼承人死亡後三個月內辦理限定繼承之手續，如果被繼承人死了，而其繼承人依法律之規定去辦了這兩個程序之一，那債權人要把債務逼到繼承人身上去，依法而言是行不通的（用其他不正當的手段則不予討論）。所以說，電視節目的編劇為了節目的效果，常常不能把法律的規定完整的考慮進去，雖然情有可原，但是有時也會對觀眾造成誤導，孰重孰輕，實屬見仁見智。

在一般之情況下，繼承都以概括繼承為之，亦即就被繼承人之一切權利及義務都加以繼承。但是如果已經知道被繼承人身上背負許多之債務時，即不適合再全部加以概括繼承，此時應依民

法第一千一百七十四條第一項規定:「繼承人得拋棄其繼承權。」
而拋棄繼承應在知悉其得繼承之時開始二個月內辦理之（見同前
法條第二項規定），繼承人一旦拋棄繼承權，當然就因而對被繼承
人所留之遺產失去繼承之權利，不論被繼承人之遺產多寡，都不
能再主張要求分配；相對地，對於被繼承人生前所負之債務，也
可以據以免除其連帶清償之責任，亦即被繼承人之債權人不能再
向拋棄繼承之繼承人催討債務，這是對於被繼承之財產及債務完
全放棄之作法。拋棄繼承之手續要如何辦理，我們則會另有專篇
加以詳論；但是如果被繼承人留有龐大之資產，債務卻不明，但
是可預期債務額應不會大於遺產，在扣除債務之後還會有不少之
剩餘時，若全部加以拋棄亦屬可惜，此時便可在繼承開始後三個
月內依民法第一千一百五十四條第一項之規定:「繼承人得限定以
因繼承所得之遺產，償還被繼承人之債務。」意思也就是說如果被
繼承人負有債務，那繼承人只以被繼承人所留之遺產為限來清償，
足夠清償的話，剩下的部分仍由繼承人取得，若是不夠，則繼承
人不須以原屬自己之財產來為被繼承人清償債務。其實這種繼承
方式雖然法律有明文之規定，但是其辦理之手續比拋棄繼承所須
之時間要長得多，所以實務上委託辦理之案例並不多見，倒是有
人在原本要辦理拋棄繼承之程序上，因為須要通知下一順位之人
不易找尋，乾脆就直接辦理限定繼承，在這種情形下辦理限定繼
承確實可免去一些麻煩。

　　據上，依我國法律之規定，繼承可以分成概括繼承、拋棄繼
承、限定繼承三種，在各種不同之情況下可以分別予以採用，所

以，繼承之方式當然是可以選擇的，至於要如何選擇便須依個案而論。

◈ 十六、「拋棄繼承」要怎麼辦手續？

按民法第一千一百四十七條規定：「繼承，因被繼承人死亡而開始。」繼承人之所以依法成為繼承人，係因為被繼承人發生死亡之事實，在被繼承人死亡之前，是沒有所謂「繼承權」的存在，因此，若有人書立契約書、同意書、切結書之類的文件，聲明放棄將來對被繼承人之繼承權，這種聲明是不生拋棄繼承之效力的；或是有人為躲避債務，想預先辦理拋棄繼承之手續，以避免將來由繼承所得來之遺產被債權人查封拍賣，這也是天方夜譚，因為法院絕不會准其辦理這樣的手續。究其原因無他，只因為被繼承人尚未死亡，根本就不發生繼承之事實，當然無從辦起。

但是一旦被繼承人發生死亡之事實，而開始「繼承」之法律關係時，若明顯發現被繼承人所負之債務遠大於其所留之遺產，此時為了避免因繼承之發生便使得自己只因為是法定繼承人之身分而突然揹負龐大不可預知之債務，就絕對有必要趕快辦理拋棄繼承之手續，才能免去繼承債務纏身之後果；惟民法第一千一百七十四條第一項規定：「繼承人得拋棄其繼承權。」第二項規定：「前項拋棄，應於知悉其得繼承之時起二個月內以書面向法院為之。並以書面通知因其拋棄而應為繼承之人。但不能通知者，不在此限。」法條規定看起來是很明確，但是程序上要如何辦理卻不

清楚，真正遇到要辦時該如何去辦，恐怕會是個大問題，所以便以此專篇來介紹辦理拋棄繼承之手續。

壹、應先備齊之文件

1. 被繼承人死亡證明書或除戶戶籍謄本（即辦畢被繼承人死亡登記之後再領取之戶籍謄本，其上會有被繼承人死亡登記之記事）。

2. 要辦理拋棄繼承之人的印鑑證明、戶籍謄本（代位繼承人要拋棄繼承時應一併檢附原應繼承之人的戶籍謄本，如此才能由繼承系統表看出彼此的關係）。

3. 繼承系統表（應製作至聲明拋棄繼承人拋棄繼承後而依法成為應繼承之人全部列入為妥）。

4. 拋棄繼承之書面（可自行書寫聲明拋棄繼承之聲明書、拋棄書之類，只要聲明拋棄繼承之旨即可，不得附條件，寫好後簽名並需蓋用印鑑章）。

5. 向因拋棄之結果而依法成為應繼承之人為通知之證明（不能通知者不在此限）。

6. 備具「民事狀紙」向法院聲請辦理。

貳、辦理之程序

㈠以書面先行通知因拋棄而依法成為應繼承之人

繼承人因為法律規定繼承順位之關係而有繼承先後之別，順位在前之繼承人繼承後，後順位之繼承人便無繼承之問題，亦無繼承之可能；若繼承順位在前之繼承人全部拋棄繼承時，則順位

在後者便依法遞補成為應繼承之人，因而形成當順位在前之繼承人全部辦理拋棄繼承之時，亦同時將產生另一批應為繼承之人。為使該等因他人拋棄繼承而成為應繼承人之人亦有機會辦理拋棄繼承之手續以避免繼承債務，並考量此權利之行使期限係自知悉其成為應繼承人之時起算二個月內，故為免權利狀態不明之時間遷延過久，所以法律便要求拋棄繼承之人須以書面通知因拋棄後而成為應繼承之人。雖然本法條是將以書面通知之規定定在「以書面向法院為之」之後，但是法院在接到當事人之民事聲請狀時，卻將是否已經以書面通知因拋棄而應為繼承之人之「書面」，列為審查准許與否之必要文件，如有欠缺，則通知當事人就此應為補正，因此為使辦理拋棄繼承之程序順暢，最好是先發出通知之書面，並將該書面一併附入聲請狀作為證據之一為妥。在此通知之作業上，最常出狀況的就是父親（或母親）辦理拋棄繼承後，忘了幫未成年子女也辦理拋棄之程序（無法一起辦，因為須受通知之後才會成為因拋棄而成為應繼承之人，而未成年之人係以父母為其法定代理人，故要由父母為其辦理；如果小孩子成年了，就由小孩子自己決定是否辦理，要辦就以自己之名義辦，不須父母代理），此時如果父親（或母親）沒有其他的兄弟姊妹的話，那未成年子女仍屬直系血親卑親屬之第一順位繼承人，而其繼承權與父親（或母親）之繼承權係各自獨立行使的，所以小孩子也要辦理拋棄繼承才行；相反而言，如果父親（或母親）還有其他的兄弟姊妹且不辦理拋棄繼承之手續時，則被繼承人之權利義務（包含父親（或母親）之應繼分）全部即歸由其他之兄弟姊妹繼承，

此時父親（或母親）辦理拋棄繼承之後，因不發生代位繼承之問題，所以其子女即可不必再辦理拋棄繼承之手續；而為了確保未成年子女也是在受通知之後起算之二個月內辦理，最好是緊接著辦，才不會在時效上出現誤差而造成無法回復之後果。

　　為避免舉證上之困難，最好是以存證信函為通知之方式，附例稿如下：

存證信函：

敬啟者：緣被繼承人○○○不幸於民國○○年○○月○○日去世，本人等為其直系血親卑親屬而為第一順位之繼承人，惟被繼承人生前因經商失敗，在外已積欠龐大之債務，經查其所留之遺產絕不足清償其所留債務，是本人等幾經思量後決議辦理拋棄繼承之手續，而本人等拋棄繼承之後，　台端等即成為應繼承之人，爰依法為前述拋棄繼承之通知，並請　台端自行依法行使權利，以免受到損害，順頌時祺。

㈡製作拋棄繼承聲明書

聲明書：

緣被繼承人○○○於民國○○年○○月○○日去世，聲明人等為其直系血親卑親屬及配偶而依法為第一順位之繼承人，惟因聲明人等無意繼承被繼承人之一切權利及義務，是特此聲明拋棄繼承權。

　　　　　　　　立聲明書人：○○○　　　（簽名、蓋印鑑章）

㈢向法院提出民事書狀聲明拋棄繼承

　　依非訟事件法第七十七條之一規定:「民法第一千一百七十四條所定拋棄繼承事件，由繼承開始時，被繼承人住所地之法院管

轄。」而所謂之住所地依民法第二十條第一項之規定為:「依一定事實,足認以久住之意思,住於一定之地域者,即為設定其住所於該地。」因為住所之判斷是以須有久住之意思而住於一定之地域,這固然是事實判斷之問題,當然不必然與戶籍之所在地相同,戶籍登記只是戶政事務所之戶政管理作業,倘有證據得以證明住所地與戶籍地不同時,仍應以實際之住所地為準,但實務上比較不會有人這麼自找麻煩就是,因為目前各種交通及通訊非常之完善,用郵寄之方式也可以遞送狀紙,所以一般即皆以被繼承人死亡之時所設籍之處所(辦理除戶登記之戶政事務所),亦即以被繼承人之除戶謄本所載之處所,作為被繼承人之住所地之處所,再向該處所之管轄法院遞狀提出聲請。

┌─────────┐
│ 民事書狀: │
└─────────┘

民事　聲明拋棄繼承　狀

聲明人(即繼承人)　　○○○　　住○○縣○○市○○路○○號

　　　　　　　　　　○○○　　住同上

　　　　　　　　　　○○○　　住同上

為聲明拋棄繼承事:

緣被繼承人○○○於民國○○年○○月○○日死亡,聲明人○○○係被繼承人之配偶,○○○及○○○二人則為被繼承人之子,聲明人等為被繼承人之第一順位繼承人,惟查,被繼承人○○○生前似曾向地下錢莊借貸不明數額之金錢,因而時有債權人上門找尋要求清償,致聲明人等困擾叢生,倘進行清償亦不知其金額上限多寡,且勢將影響原本小康之生活而致頓陷困境,是以聲明人等即有於法定二個月之期

間內具狀聲明拋棄繼承，藉以免除繼承債務之必要，爰提呈被繼承人除戶謄本及聲明人等之戶籍謄本（證一），並檢具拋棄繼承聲明書（證二）、繼承系統表（證三）及已向因拋棄繼承而為應繼承之人通知之存證信函乙份（證四），狀請

鈞院鑒核，賜准予備查拋棄繼承之聲明，實為德便。

證據：

證一：戶籍謄本及除戶謄本正本三份。

證二：拋棄繼承聲明書。

證三：繼承系統表。

證四：存證信函乙份。

　謹　狀

臺灣〇〇地方法院民事庭　　公鑒

中華民國　　九十三　　年　　〇　月　　〇　日

　　　　　　　　　　具狀人：〇〇〇

　　　　　　　　　　　　　　〇〇〇

　　　　　　　　　　　　　　〇〇〇

　　註：此處到底要不要附印鑑證明書及蓋用印鑑章有點無法可循，法律規定本身並未將如此細節全數涵蓋，但是為免送狀後被要求補正，一般都會不厭其煩地照附、照蓋，通常當事人亦只要求順利辦好就行了，尚不會計較還要跑一趟戶政事務所去申請。倒是前不久內政部鑑於印鑑證明之核發過程中經常被犯罪集團介入、利用，而致生民眾損害之糾紛，乃有意自九十二年七月一日起將印鑑登記及核發印鑑證明之工作自戶政事務所之業務中予以廢除，改由需用機關自行建管；但後來因茲事體大且違背民眾長

久以來之使用習慣，一時反彈聲頗大，故其後又延緩廢除，將來
這問題如何解決，確還有待承辦官員之睿智來決定。

　　向法院送狀之後，如格式及證據文件沒有問題，則法院依法
會回覆一紙通知函，而該函大致之內容略以：

　　臺灣○○地方法院民事庭通知　　　　　　　　　　股別：○
受文者：（即聲明人）　　　　　　　　　　　　　　文號：略
主　旨：本件拋棄繼承准予備查。
說　明：台端○○年○○月○○日拋棄繼承狀陳稱：於○○年○○月
　　　　○○日知悉對於被繼承人○○○（亡）自○○年○○月○○
　　　　日開始繼承，表示拋棄一節，核與民法第一千一百七十四條
　　　　規定，尚無不合，准予備查。

　　待接獲法院該紙通知函時，即表示拋棄繼承之手續業已辦妥，
拿到這張法院所發出之函後，對於任何被繼承人之債權人都能發
生抗辯之作用，亦即可以阻止任何對繼承人繼續催討繼承債務之
行為，甚至連被繼承人生前所積欠之稅金都可以不必再負責。這
當然是辦理拋棄繼承手續後所應發生之法律效果。不過現在民間
的所謂合法的討債公司會不會將法院的函當成一回事？恐怕還有
疑問，因為近日發現有一案例，當事人之身分遭人利用盜領信用
卡並盜刷，案發之後法院並已將該犯法之人判處一年有期徒刑及
強制工作確定，而討債公司美其名為資產管理顧問公司，竟仍代
理發卡銀行繼續對被冒用身分之人進行催收卡款之動作，甚至已
將刑事判決書都完整寄給銀行及討債公司了，討債公司仍不放手，

後來還自發卡銀行受讓該債權，除不斷電話騷擾之外，並對被冒用的人提出民事訴訟，其最後之結果雖然可想而知。但討債公司連刑事確定判決都看不懂了，實在很難想像他們看到以下所示法院發給之備查函後，會知道其法律效果而懂得要縮手並不再去騷擾當事人！但是，絕不能因為事實上存有這樣之虞慮在即放棄辦理拋棄繼承之手續。

◈ 十七、「限定繼承」要怎麼辦手續？

在以往所遇到之繼承案例上，比較少見有辦理限定繼承之情形，因為辦理限定繼承時，其拖延之期間較長，要檢具遺產清冊又須登報進行公示催告，程序上比之拋棄繼承之手續而言顯然較為複雜，限制亦較多，所以並不常建議當事人去使用。而最近所辦理之一件限定繼承聲請案，當事人最後決定辦理限定繼承之因素卻是不忍心亦不願意見到當他辦理拋棄繼承之後，其祖父、母（第二順位），緊接叔、伯、姑（第三順位）都要一一再辦理拋棄繼承之手續，其不忍這些困擾發生在這些親人身上，所以他就一肩扛起全部程序之辦理責任，因為他是第一順位，只要他辦理限定繼承之後，其他順位之繼承人就不會再發生繼承之結果，當然也就可以不必再辦其他之手續了。不過，也很慶幸剛好遇到這件案例而得到一個實戰之經驗，才有辦法將限定繼承之程序做一詳細之說明，否則每次都只能介紹拋棄繼承，將限定繼承之程序都給忽略掉了。

依民法第一千一百五十四條第一項規定:「繼承人得限定以因繼承所得之遺產,償還被繼承人之債務。」但「繼承所得之遺產」其範圍究竟有多大?其數額有多少?顯然就是先要確認之問題,所以,除了戶籍謄本、除戶謄本、繼承系統表、印鑑證明等共同必要之文件皆與拋棄繼承一樣要具備之外(與拋棄繼承相比,限定繼承少了拋棄繼承之聲明書,也不用向拋棄繼承後應為繼承之人再為通知),辦理限定繼承最重要的就是要提出「遺產清冊」呈報法院(民法第一千一百五十六條第一項:為限定之繼承者,應於繼承開始時起,三個月內,開具遺產清冊呈報法院),此遺產清冊須要按照事實開列,而且不能有隱匿遺產之行為,否則其後果依照民法第一千一百六十三條之規定:「繼承人中有左列各款情事之一者,不得主張第一千一百五十四條所定之利益:一、隱匿遺產。二、在遺產清冊為虛偽之記載。三、意圖詐害被繼承人之債權人之權利而為遺產之處分。」該條所謂「不得主張第一千一百五十四條所定之利益」即指不能再主張以繼承所得之遺產為限來償還被繼承人之債務,當發生這種狀況時,除非還在拋棄繼承之時限內還可以趕快辦理拋棄繼承,否則便會因繼承之債務而影響到繼承人個人原有之財產,所以遺產清冊在辦理限定繼承之程序中算是較為重要之資料。一般而言,因為在被繼承人死亡之後須在六個月內向國稅局申報繼承,此時繼承人亦都會同時向國稅局查詢被繼承人之遺產歸戶明細,該遺產明細即會清楚地記載被繼承人所留之不動產、存款、股票、汽車等資料(只有權利資料,不會有債務紀錄,所以對於債務之評估即欠缺官方數據,被繼承人

之債務究竟多少即無法藉此而得到資料，所以在彙整債務時絕對不能太大意）。因為國稅局之歸戶資料已經算是最詳細了，所以在提出限定繼承聲請的時候，通常都會直接加以援用作為遺產清冊，僅須再將其他已知而其上所未臚列之部分加以補充即可。

在齊備戶籍謄本、除戶謄本、繼承系統表、印鑑證明、遺產清冊之後，便要向法院提出聲請狀，聲請狀仍然是向被繼承人死亡時之住所地之管轄法院提出。而要提出聲請狀之時，便要先釐清一點，就是如果繼承人有很多人，當出現有些人要辦、有些人不辦的時候要如何處理？因為拋棄繼承之情況是反正就不要繼承了，所以各辦各的並不會互受影響，而在限定繼承的時候因為債務額尚不確定，夠不夠償還都還不知道，此時如果有人只想著要遺產而對債務不予理會，繼承人間就會有糾紛產生，所以為了程序上之統一，民法第一千一百五十四條第二項即規定：「繼承人有數人，其中一人主張為前項限定之繼承時，其他繼承人視為同為限定之繼承。」因此，只要繼承人之中有一人出面聲請辦理限定繼承，則其他繼承人之權利義務即亦須依限定繼承而為辦理，此時限定繼承之聲請狀可能會僅有一個人具名，但是其聲請之效果卻會及於其他之繼承人；惟此項規定並不會妨害到要辦理拋棄繼承之人的權利，因為拋棄繼承是繼承人固有之權利，其拋棄後即不發生繼承關係，原來之應繼分也屬於其他之繼承人，基本上並不會造成其他繼承人之影響，所以就算有人聲請限定繼承在先，還是可以依法辦理拋棄繼承。

限定繼承之聲請狀略如下：

民事　限定繼承聲請　狀

聲請人　○○○　住臺北縣新店市○○里○鄰○○路○○號

　　　　○○○　住同上

　　　　○○○　住臺北縣新店市○○里○鄰○○路○○號

　　　　○○○　住臺北市文山區○○鄰○○路○○號

上共同指定送達代收人　莊守禮律師　住桃園市中山北路五十二號
03-3317600

為呈報遺產清冊聲請辦理限定繼承並請求進行公示催告程序事：

一、查本件被繼承人○○○於民國○○年○○月○○日死亡，此有除
　　戶謄本正本乙份可查（證一），按被繼承人之第一順位繼承人有配
　　偶○○○、長子○○○、次子○○○、養女○○○等四人（即聲
　　請人四人），此有戶籍謄本及繼承系統表可查（證二），因被繼承
　　人生前之財務狀況不明，其在外是否積欠債務不可得而知，繼承
　　人既無法確知被繼承人所留之遺產價值是否足以清償其所積欠之
　　債務，故有依法辦理限定繼承之必要，合先敘明。

二、按經查被繼承人○○○死亡之時其住所為新店市○○路○○號，
　　依法為　鈞院所轄，而被繼承人生前除對「○○股份有限公司」
　　投資一百二十萬元而為公司股東之外，餘並無其他不動產或現金
　　財產資料，此有歸戶財產查詢清單可憑（證三，代遺產清冊），爰
　　於法定繼承開始後三個月內依法呈報法院請准予辦理限定繼承，
　　並請求據以公示催告命被繼承人之債權人於一定之期限內報明其
　　債權以利進行後續計算及清償程序，故特提出印鑑證明（證四）
　　並於聲請狀蓋用印鑑章憑以認定，狀請
　　鈞院鑒核，請准予進行限定繼承之公示催告債權之程序，實為德
　　便。

證據：

證一：被繼承人〇〇〇除戶謄本正本乙份。

證二：繼承人戶籍謄本及繼承系統表。

證三：歸戶財產查詢清單影本。

證四：聲請人印鑑證明書正本。

　謹　狀

臺灣臺北地方法院民事庭　　公鑒

中華民國　　九十三　　年　　〇　　月　　〇　　日

　　　　　　　　　　具狀人：〇〇〇　　　〇〇〇

　　　　　　　　　　　　　　〇〇〇　　　〇〇〇

　　　在檢具以上之文件並向管轄法院提出聲請狀後，法院審核文件齊全沒問題，就會發下一紙民事裁定，其內容大致如下：

　臺灣臺北地方法院民事裁定　　　　　　　　股別：〇

　　　　　　　　　　　　案號：九十二年度繼字第〇〇號

拋棄人　　〇〇〇　　住〇〇縣〇〇市〇〇路〇〇號

　　　　　〇〇〇　　住〇〇縣〇〇市〇〇路〇〇號

被繼承人　〇〇〇

右聲請人因其被繼承人〇〇〇於民國〇〇年〇〇月〇〇日死亡，開具遺產清冊呈報本院，聲請限定繼承，本院依法為公示催告。凡被繼承人之債權人應於本公示催告最後登載新聞紙之翌日起拾個月內向繼承人報明債權，如不為報明，而又為繼承人所不知者，僅得就賸餘遺產行使權利，特此裁定。

中華民國　　〇〇　　年　　〇〇　　月　　〇〇　　日

　　　　　　　　　　　家事法庭　法　官　〇〇〇

右為正本係照原本作成。

如對本裁定抗告，須於裁定送達後十日之不變期間內，向本院提出抗告狀。

中華民國　　○○　　年　　○○　　月　　○○　　日

書記官　○○○

　　接到法院所發上述之裁定書後，先看有無繕打錯誤之處，如有錯就要再聲請法院裁定更正，待更正之後再登報；如核對無誤就將裁定書全部之內容一字不漏地加以刊登在報紙上，見報之後如有發現刊登錯漏，則仍須將正確的重新刊登更正啟事。

可以不限是哪一家報紙或大報小報，但基本上是要刊在「全國版」上才算數，而且要在管轄法院之轄區有發行的才可以；接到法院之裁定書就要去登報，因為其公示催告期間之起算是以見報之翌日才起算，所以無須在此自行多出無謂之等待而浪費時間。而登報之後，也要將報紙呈報回去給法院原裁定之承辦股附卷，待公示催告期間屆滿（在本案即為滿十個月後，但此十個月並非絕對的，因為依民法第一千一百五十七條之規定：「I繼承人依前條規定呈報法院時，法院應依公示催告程序公告，命被繼承人之債權人於一定期限內報明其債權。II前項一定期限，不得在三個月以下。」法條僅規定不得少於三個月，所以承辦之法官有時會依不同之狀況而裁出不同之期限），再聲請法院發給裁定之確定證明書，

待取得裁定之確定證明書，則向法院聲辦限定繼承之全部手續即告一段落。至此，繼承人不會因繼承而來之財產不足清償繼承之債務而影響到自己原有之財產即成為確定之原則，而剩下的就是究竟有多少債權人出面來報明債權、已報明的該如何清償、沒來報的又該如何處理等等問題了。

　　依民法第一千一百五十九條規定：「在第一千一百五十七條所定之一定期限屆滿後，繼承人對於在該一定期限內報明之債權，及繼承人所已知之債權，均應按其數額，比例計算，以遺產分別償還，但不得害及有優先權人之利益。」亦即，在公示催告期間屆滿之後（通常會在取得確定證明書之後才開始動作。而為何必須在公示催告期滿之後才能做？因為依民法第一千一百五十八條之規定，在公示催告之期間內不得對於被繼承人之任何債權人去進行債務之償還），就可以將先前已知之繼承債務及登報進行公示催告之後，在該期間之內曾向繼承人報明之債權予以完成統計，然後將繼承之遺產按各債權人所占之比例予以分配進行清償。此時應該要注意幾個小問題：

　　⑴如果被繼承人之遺產中有不動產，即須先依法向地政機關申請辦理繼承登記之後，才有辦法做進一步之處分行為，在完成繼承登記之後，看是要予以出賣變現，或是由債權人充抵債權，抑由繼承人按該不動產之價額拿出現金來清償給債權人，這些都是可以與債權人去進行協商的。

　　⑵如果債權人中有人已先行聲請強制執行而將被繼承人之遺產予以查封準備進行拍賣，又不願依限定繼承之法則由繼承人按

比例清償時，此時因為有強制執行程序在而讓繼承人難以插手。如確定無法與債權人達成協議，則繼承人可通知全部之債權人先依法取得執行名義之後，再向民事執行處聲請參加分配，除優先債權外，執行處仍是會依各債權之比例計算進行分配，其最後之結果亦相同。

(3)完成比例分配之清償程序後，如果不夠清償，當然債權人就要對不足受償的部分自認倒楣；相對地，如果還有剩下，原則上就屬繼承人所有，但依法律規定基本上並不是將沒有在公示催告期間內來報明債權之債權人即視為自動放棄，而是僅能就報明債權之債權人分配後剩下的部分行使權利（參照民法第一千一百六十二條規定），因此，剩下的部分就算不足其原本可分到之比例，也不能要求繼承人加以補足。所以繼承人雖原則上在完成分配後即可取得剩下的遺產，但對於未在公示催告期限內報明債權之債權人仍不能主張其債權已消滅，亦即以分配後剩下的部分為限，繼承人仍然要負清償之責任。

(4)如果被繼承人立有遺囑，而有指定遺贈之狀況存在時，繼承人何時才能交付遺贈物給受遺贈人？此依民法第一千一百六十條規定：「繼承人非依前條規定償還債務後，不得對受遺贈人交付遺贈。」亦即繼承人須完成在公示催告期間屆滿後之比例分配清償程序，才可以交付遺贈物，但比例清償後剩下之遺產如不足遺贈之數額時，依限定繼承制度之法理，此時仍應僅能以分配後剩下之部分為限以作為遺贈物之交付，受遺贈人不可以要求繼承人須以自己之財產補足遺贈之數額。

　　(5)限定繼承人如不依前述之規定辦理時，會有如何之結果？依民法第一千一百六十一條第一項規定:「繼承人違反第一千一百五十七條至第一千一百六十條之規定，致被繼承人之債權人受有損害者，應負賠償之責。」亦即繼承人如果①在公告期間內對一部分債權人為清償或交付遺贈物，致其他債權人或受遺贈人受有損害；②侵害優先債權人之權益；③對已報明或已知之債權不予按比例清償；④未清償債務即先交付遺贈物；在這些情況下造成債權人或受遺贈人之損害時，限定繼承人即應負損害賠償責任。此時限定繼承人的損害賠償責任是否仍以繼承之財產為限？在實務上不常見，教科書上好像也沒提到，個人之淺見認為如果係肇因於限定繼承人個人之行為而且含有損害他人債權之惡意時，即應不再以繼承之財產為限，而是讓限定繼承人須以其原有之財產來負責賠償，如此才能加重其責任而讓限定繼承人知所警惕，以促其依法辦理。

　　(6)承上，雖然讓限定繼承人多負一點責任會使其較有警惕而確保依法辦理，但是如果真的出現上述應該由限定繼承人負損害賠償責任而其本身又欠缺相當之資力，根本無法賠償債權人時，該怎麼辦？依民法第一千一百六十一條第二項之規定:「前項受有損害之人，對於不當受領之債權人或受遺贈人，得請求返還其不當受領之數額。」據此，受損害之人便可以對不當受領之債權人或受遺贈人請求返還其不當受領之數額，但不當受領之數額如大於其損害時，可以請求返還之數額自然僅能以其損害額為限。

第四章

一般常見生活法律問題集錦

◈ 一、一般保證與連帶保證有什麼不同？

案例 ••••••••••••••••••••••••••••••••••

　　莊董將房屋出租他人，為了確保房客會依照契約交付房租及將來到期時會按時將房屋返還，所以在與房客簽契約時，都堅持在租賃契約上加註「承租人如有違約時，出租人得自行收回房屋，承租人並應拋棄先訴抗辯權」。

問題 ••••••••••••••••••••••••••••••••••

　　「先訴抗辯權」是什麼？莊董要求這樣加註有用嗎？

解析 ••••••••••••••••••••••••••••••••••

　　不論是在幫當事人審閱契約、協議書，或是即將要進入實體之訴訟行為而為當事人整理證物，經常會發現當事人所提出之契約書或協議書，甚至是和解書都好，其約定條文裡面都會有一條某一方應「放棄先訴抗辯權」之記載。我的意思並不是這樣的約定有什麼不好，而是這樣的約定要用在適當的情況才可以，否則就不會發生應有之作用，尤其是受託撰寫契約、協議書的人，也會被笑外行。

　　為什麼？問到為什麼時就要先來解釋「先訴抗辯權」是什麼東西？依民法第七百四十五條規定：「保證人於債權人未就主債務人之財產強制執行而無效果前，對於債權人得拒絕清償。」民法這一條規定就是所謂「先訴抗辯權」之規定，意思是債權人在對債務人追償債權時，不能同時對保證人進行追償，須在向債務人之

財產進行強制執行而無法獲得清償之後，始能轉而向保證人要求代替債務人清償債務；如果債權人違反這條之規定而直接找保證人，那保證人就可以依法主張「先訴抗辯權」予以拒絕清償。但不知各位有沒有發現？上面所述該法條之規定指的是「保證人」，看清楚喔！僅止於「保證人」，也就是「先訴抗辯權」是屬於「保證人」始可得主張之權利（既然是可「得」主張，當然就也可以不主張，所以才稱為權利）。

但是，如果經契約或協議書約定為「連帶保證人」的時候，連帶保證人可不可以主張「先訴抗辯權」？這就要說明究竟「連帶保證人」與「保證人」有什麼差別，其實簡單說，保證人就只能把他當成保證人，而連帶保證人因為多加了「連帶」二個字，於是就會把連帶保證人與債務人之間畫上等號，也就是連帶保證人之權利及義務幾乎與主債務人已經沒啥差別，所以當債權人在對債務人追償時，可以一併將連帶保證人一起告進去，一起訴訟，將來還可以一起進行強制執行，連帶保證人即不能主張債權人應先找債務人追償之「先訴抗辯權」而據以拒絕給付，因此當債務人已無可對抗債權人之事由時，連帶保證人亦將居於無法抗辯債權人之地位，這也就是為什麼一般人在約定保證人時，都會要求保證人要簽連帶保證的原因；而銀行在催收貸款之時，亦常會先將連帶保證人之財產予以假扣押，使其不能移轉、處分，然後再去拍賣抵押物，等拍賣後不足受償了，再來拍賣連帶保證人之財產，這樣的做法也是基於相同的理由，因為連帶保證人根本無法提「先訴抗辯權」來加以對抗，甚至近來亦常見較為惡劣之銀行

係先選擇執行連帶保證人之財產，而後再拍賣債務人之擔保物，這種做法在誠信上實有可議之處，但是並不是於法無據或於法有違，所以也只能建議當事人去跟銀行談談，拜託高抬貴手，請銀行同意先拍賣債務人之財產，再由連帶保證人負責清償不足之部分。除此之外，到現在好像還沒發現其他足為有效對抗之方法。

所以，凡是約定「連帶」保證之協議、契約、和解書，就無須再多要求連帶保證人應「放棄先訴抗辯權」，因為他根本就沒有先訴抗辯權可以放棄，以後不要再多此一舉了。

至於為什麼要保證人放棄先訴抗辯權或是保證人在什麼情況下會喪失先訴抗辯權？因為先訴抗辯權之主張，對保證人言會有拖延時間之利益，並可逼使債權人須先去向債務人求償，所以一般債權人多不願自找麻煩，不管三七二十一便要保證人放棄先訴抗辯權。也許這也是讓債權債務關係單純化的適切作法，不能說他不對，而在一些情況下，法律也規定讓保證人之先訴抗辯權自動喪失，依民法第七百四十六條規定：「有左列各款情形之一者，保證人不得主張前條之權利：一、保證人拋棄前條之權利者。二、保證契約成立後，主債務人之住所、營業所或居所有變更，致向其請求清償發生困難者。三、主債務人受破產宣告者。四、主債務人之財產不足清償其債務者。」

在發生以上這些情況時，保證人皆不能再主張先訴抗辯權，而其第四款規定主債務人之財產不足清償其債務者，即等同於前述第七百四十五條規定之對債務人財產強制執行已無效果之狀況，所以下次碰到保證人主張先訴抗辯權時，就要先找找有無符

合這條法條規定之情形來加以對抗。不足清償或是執行無效果等事由，在舉證責任上當然要由債權人來負責舉證，而在其證據方面，可以向國稅局申請發給債務人之財產明細，如其上已無財產資料之記載，則執行無效果已是當然之結果；其次，如果已經進入強制執行後仍有未受分配清償之部分，當然也屬執行無效果。

　　最後要問一個簡單的問題，如果只有當事人雙方在簽立契約、協議或和解書，而其上並沒有保證人或連帶保證人之約定時，為了擔心對方違約不履行，要不要在條文裡再約定叫對方放棄先訴抗辯權？看過前面之介紹後，答案當然就很清楚了，不要再弄錯了喔！

◈ 二、可以做保證人嗎？

案例 •

　　莊董自己開的公司想要向銀行辦理貸款，可是銀行要求要有二位股東當貸款的連帶保證人，但是莊董的公司股東全是自己的家人，因而讓莊董非常為難。

問題 •

　　保證人的責任很重嗎？

解析 •

　　俗謂：「人呆才作保」，當別人的保證人本來就是百害而無一利，因為關於保證人之規定，依民法第七百三十九條之規定：「稱保證者，謂當事人約定，一方於他方之債務人不履行債務時，由

其代負履行責任之契約。」也就是當主債務人不履行清償責任時，即由保證人負起全部債務之清償責任，其責任不可謂不大。而重要的是，別人的債務關我什麼事？他自己不還，為什麼要我幫他還？可是有時人在江湖可真是身不由己，經常會有不得不的情況發生，真的遇上了，總要有些最基本的護己措施才行，提供下列幾項意見作參考：

㈠約定僅就債務之某一限度或範圍內做擔保

因民法第七百四十條規定：「保證債務，除契約另有訂定外，包含主債務之利息、違約金、損害賠償及其他從屬於主債務之負擔。」此規定即為保證人之責任範圍，而幾乎已將全部之主債務責任囊括在內。看起來雖然可怕，但是法條內卻有「除契約另有訂定外」之文句在，因為在契約之訂定上本來就有私法自治及契約自由之原則，亦即容許當事人在不違反法律之強制規定或公序良俗之前提下，得為自由之約定，因此，另為保證範圍之約定自無不可。所以，如果礙於可得想像之任何情況致無法推託時，也一定要爭取僅在一定範圍內為保證之權利，雖未必能獲得債權人之認同及同意，但這起碼也可為自己爭取量力而為之機會，而不必因當個保證人而賠上全部之家產。

㈡若可以，應儘量僅提供特定之物為擔保品，務必拒絕作連帶保證人

曾發生過一個案例，在農地未開放得由非自耕農登記取得之前，有個有錢人借用一位老農夫之名義購買一大片之農地，並將農地依規定登記在老農夫之名下，老農夫自認係代為保管且係登

記在自己之名下，自信應不會有何不利之情況產生才是。惟其後該有錢人因資金周轉上之困難，想要拿該等農地去向地下錢莊貸款，因為農地登記在老農夫名下，於是將老農夫找來簽約，而老農夫亦老實地認為反正土地是別人的，別人是拿他自己的土地借錢，不應該有何意見才對，於是就簽了下去；於是，該位有錢人錢也借了，抵押權也辦好了，但是又過了一陣子，有錢人周轉不過來果然就倒下了，不再有錢了，人也跑了，積欠地下錢莊的錢在利上滾利之後，該等農地根本就不足清償全部之債務及利息、違約金，地下錢莊很快地就將老農夫自己所有辛苦耕耘之祖產也給查封了，並告上法院要拍賣土地。老農夫此時便傻眼了，怎麼會這樣呢？經一查才知道老農夫當初除了提供別人登記在他名下之農地給地下錢莊設定抵押權之外，竟然同時還在借款契約上簽了連帶保證人，現在才知，為時已晚，根本就沒得救，最後可憐的老農夫就這樣也把自己之農地及家產給賠上了。

　　由這個案例可知，簽上連帶保證人是多麼嚴重的一件事，由此也衍生出一個重點，如果非要當他人之保證人不可，而自己又有多筆之不動產時，大可僅提供其中之一筆、二筆以作為債權人之「物保」（擔保品），縱使債權人要求設定抵押權也沒關係，起碼在設定登記時我們只是「設定之義務人」，而非「債務人」，更可藉此要求排除當「連帶保證人」，如此一來，就算債務人不清償、出事了，也只是該等「擔保品」被債權人拍賣求償而已，不會對自己其他之財產致生危害。所以，一開始提出作為擔保品就要有拿不回來之心理準備才行，因為這絕對是要預見在內的，誰叫您

要作別人的保證人？而在上面老農夫的案例裡，如果老農夫懂得只將被借名登記的農地拿出去給該有錢人當借錢之擔保品，而不在借款契約簽下連帶保證人的話，那同樣的道理，他自己原有的財產是不會受影響的。

㈢只提供定期之保證

一個房屋貸款動不動就是要繳二十年、三十年，如果這二、三十年都要為債務人繳不繳貸款在擔心受怕，那這保證人不精神衰弱才怪！但在不得不之情況下，當面對如此長期之保證債務若能爭取個定期保證的話，那對保證人言可真是大恩大德了，因為民法第七百五十二條規定：「約定保證人僅於一定期間內為保證者，如債權人於其期間內，對於保證人不為審判上之請求，保證人免其責任。」這法條其實不常用到，為什麼？因為債權人經常是處於經濟上強者之態勢，處於弱勢之債務人或保證人，實在沒有太多談判的空間。想想，銀行怎可能同意保證人只保證前五年、前十年，只要五年、十年間債務人能繳息正常，則時間過後保證人就不再負保證責任！可能嗎？當然不可能，如果我開銀行的話也不會同意。

㈣保證責任除去請求權

再提個更難用得到的法條，實在不知道法律為什麼要這樣規定，不過還是要介紹一下：民法為了保護保證人之權利，設了一條保證人可以請求除去保證責任之規定，依民法第七百五十條第一項所載：「保證人受主債務人之委任，而為保證者，有左列各款情形之一時，得向主債務人請求除去其保證責任：一、主債務人

之財產顯形減少者。二、保證契約成立後，主債務人之住所、營業所或居所有變更，致向其請求清償發生困難者。三、主債務人履行債務遲延者。四、債權人依確定判決得令保證人清償者。」

各位，看了這法條有何感覺？當發生上述情形時，基本上債權人已經開始要對債務人進行追償程序了，此時正是債權人希望保證人要充分發揮保證人重要性的時候，而且債務人可能早就跑掉了，保證人要如何去請求除去保證責任？更甚者是保證契約是存在於保證人與債權人之間，如果債權人不同意，債務人根本即無單方除去保證人保證責任之權利。因此常發生夫妻互保或股東連保之情況，在離婚或退股之後，有一方要求要除去其保證責任，此時斷非保證人直接向債務人請求即可免去保證責任，而歸結還是要得到債權人之同意才能免去保證責任，而且債權人就算要同意免除特定保證人之義務，通常也會要求債務人須再提出經其認同之人繼續為保證人才行，所以基本上免除保證責任之權利係屬債權人所有，殊無由債務人、保證人或其他第三人私相授受之可能。當然，由此即知這個法條在實際運用時很難用得上。

而同條第二項更規定：「主債務未屆清償期者，主債務人得提出相當擔保於保證人，以代保證責任之除去。」試想，如果債務人有能力可以提出相當之擔保給保證人，那還要保證人做什麼？不如就直接提供給債權人作擔保就好，何必要多此一舉？所以雖然有了法律規定卻用不太上，實在不知道此法條立法當時的原意何在？

◈ 三、人事保證簡介

案例 ••

　　莊董的兒子退伍了，經過好幾個月的努力終於找到出社會後的第一份工作，但是收到錄取的通知時，發現在信件裡同時附了一張「人事保證切結書」，並指定要在報到上班當天繳回。

問題 ••

　　這張「人事保證切結書」有什麼作用？

解析 ••

　　當好不容易找到了一份工作，卻經常遇到被僱主要求要找人來當其職務上保證人之經驗，這對一個社會新鮮人來說，是一件很困難的事，如果被要求的是「舖保」或「店保」（就是要提出公司行號之保證人）就更不容易了，一來人際關係有限，二來現在大家都學聰明了，誰也不願當人家的保證人，所以要找到有人願意當自己的保證人真的很難。猶記得之前在八十二年時考上普考，準備要去戶政事務所當戶籍員，雖然是個公家單位，但按規定也是要填具公司行號之保證人，還好那時因為家父跟別人合夥經營一家電路板工廠才得以解決這個問題，換成是現在的話就真的不曉得該如何是好，因為該電路板工廠因景氣不佳，在幾年前就已經結束營業了。不過這也透露出一些問題，就是保證人真的有那麼重要嗎？尤其是在人事保證上，真的非要有保證人不可嗎？人事保證之保證人要負什麼責任？為什麼大家都不太願意當別人的

保證人？人事保證之保證人不存在了又如何？除了之前已提過一般債權債務關係之保證外，因為以前關於人事保證在法律上並無明文之規定，而民法在八十九年五月五日新公布施行關於人事保證之規定後，相對之下便成了較新鮮之法律，所以本篇也要針對人事保證來做一個詳細之說明。

　　什麼叫做人事保證？以前都只說要受僱人去找個保證人來保證，並未說明這個保證人到底要保證個什麼東西，因此民法第七百五十六條之一便明文加以規定：「I 稱人事保證者，謂當事人約定，一方於他方之受僱人將來因職務上之行為而應對他方為損害賠償時，由其代負賠償責任之契約。II前項契約，應以書面為之。」據此，人事保證是一種契約行為，除了須以書面簽立之外（在法律上稱此為要式行為），保證人只擔保將來因受僱人在職務上之行為所致僱主發生損害之損害賠償，如損害之發生係無關於受僱人職務之行為時，便不能叫保證人負責，因須與職務之執行相關，所以人事保證也常被稱為「職務保證」；其次，關於所致生僱用人之損害，如果僱用人已經向受僱人取得賠償或是由其他之責任保險已取得保險金之給付時，也不能再向保證人求償（民法第七百五十六條之二第一項規定：「人事保證之保證人，以僱用人不能依他項方法受賠償者為限，負其責任。」），簡單講就是當僱用人可以用其他之方法得到賠償時，就不能再找保證人負責；另外，以往都是僱用人自己說賠多少就賠多少，或是法院會依僱用人實際之損害金額來判決賠償，造成保證人無法預期其保證責任之範圍到底有多大，這也是一般人懼怕當別人之保證人之原因，於是民法

第七百五十六條之二第二項便將保證人所應負責賠償之最大限度
予以明定範圍，亦即：「保證人依前項規定負賠償責任時，除法律
另有規定或契約另有訂定外，其賠償金額以賠償事故發生時，受
僱人當年可得報酬之總額為限。」故而不論僱用人之損害額再怎麼
大，保證人也只要賠償相當於受僱人該年度可得薪資之數額即可，
超過部分便不可要求保證人負責。

　　不過這個法條卻有一個很大的缺點，就是法條上有「除法律
另有規定或契約另有訂定外」這句話在。這句話之本意即為除其
他法律另有規定外，當事人亦可另行約定賠償之範圍，此時雇主
便可以據以約定保證人之賠償範圍不受本條之限制，如此一來便
失去明定限制賠償範圍之目的，而受僱人通常是經濟上之弱者，
在剛找到工作之初，尤其是還在面試、面談之階段，對雇主所開
出之條件大都僅能選擇答應或
不答應，根本毫無討價還價之空
間，在契約當事人地位並不相等
之情況下，對受僱人之保護即顯
然不足。所以這個法條僅能說立
意良善，除了期待雇主不知道這
個規定而不另外要求之外，好像
別無他法。

　　人事保證有沒有期限？如果沒有期限，那保證人豈不終其一
生都要為受僱人之職務行為負責，否則就是要等他自動離職、被
資遣，這對保證人而言，責任未免太重了！要保證他人一生都不

會變壞、都不會做錯事，這似乎太強人所難，因此民法第七百五十六條之三及之四兩個條文對此問題便加以明白之規範，第七百五十六條之三規定為：「I人事保證約定之期間，不得逾三年。逾三年者，縮短為三年。II前項期間，當事人得更新之。III人事保證未定期間者，自成立之日起有效期間為三年。」有了這樣的規定，保證人起碼不用一輩子擔心受怕，就算三年到了要更新保證期間亦須再簽新約，此時也可以多個考慮之機會，看看那被保證之受僱人表現如何，表現如果不好，當然就別再為他擔心、受怕三年；既然約定保證之期間不可超過三年，那不約定時間可不可以？這樣是不是就可以不受三年之限制，可以讓保證人一直保證下去？其實也未必，因為第七百五十六條之四規定：「I人事保證未定期間者，保證人得隨時終止契約。II前項終止契約，應於三個月前通知僱用人。但當事人約定較短之期間者，從其約定。」所以本來如果未就保證期間為約定者，保證人即可隨時終止契約而不再負保證責任，但是如無其他約定的話，依法便要在三個月前先行通知僱用人。

　　人事保證契約也簽了，受僱人也去工作了，從這個時候開始，保證人便要時時擔心受僱人會捅出什麼大問題來讓他賠上一筆錢，可是又無法對受僱人能有什麼監督的動作，受僱人執行職務時有何不當之行為也無法知道；或原本只是應徵打掃的工作，就算沒掃乾淨也不會怎樣，可是不久老闆就叫他去管出納，手上常有大筆之金錢在出入，此時便因而產生較高之危險性，一不小心把錢掉了也好，監守自盜把錢污了也可能發生，而這危險性之變

化卻是當初保證人所無法預期、考慮到的。因這情勢之變化已與當初簽約之條件不同，如果不能讓保證人有所防範或做其他之預防措施，即明顯將對保證人不利，因此在民法第七百五十六條之五第一項便規定了僱用人通知保證人之義務，其規定為：「有左列情形之一者，僱用人應即通知保證人：一、僱用人依法得終止僱傭契約，而其終止事由有發生保證人責任之虞者。二、受僱人因職務上之行為而應對僱用人負損害賠償責任，並經僱用人向受僱人行使權利者。三、僱用人變更受僱人之職務或任職時間、地點，致加重保證人責任或使其難於注意者。」

　　當出現上述之狀況時，即有可能因而發生使保證人須對雇主負損害賠償責任之情形，所以保證人接到通知之後，即得依同條第二項之規定：「保證人受前項通知者，得終止契約。」而為使僱用人亦能得到相同之對待，同項即隨之規定：「保證人知有前項各款情形者，亦同。」僱用人依前條之規定應該通知而不通知時會有什麼效果？此時因為僱用人疏於通知致保證人失去預防之機會，倘果因而發生有應由保證人負責之事由時，當然多少應該讓保證人減輕一些賠償責任始為公平；或是僱用人原可以好好監督受僱人卻放任他胡作非為，對於損害之擴大亦未加以防範，凡此都應讓僱用人也要負一些責任才行，所以民法第七百五十六條之六即規定：「有左列情形之一者，法院得減輕保證人之賠償金額或免除之：一、有前條第一項各款之情形而僱用人不即通知保證人者。二、僱用人對受僱人之選任或監督有疏懈者。」希藉由此讓僱用人能多一些責任感，不能心存反正有保證人在預備賠償損失之念頭，

進而隨意降低自己對於受僱人之監督、注意義務。

　之前提過去戶政事務所工作也要提出保證人之經驗，但是現在要提的是如果隨後該作為保證人之公司已經解散、停止營業了怎麼辦？或是原來的保證人死亡了怎麼辦？如果僱用人知道發生這情形了，肯定會要受僱人再去找新的保證人來簽保證契約，為什麼呢？因為民法第七百五十六條之七規定：「人事保證關係因左列事由而消滅：一、保證之期間屆滿。二、保證人死亡、破產或喪失行為能力。三、受僱人死亡、破產或喪失行為能力。四、受僱人之僱傭關係消滅。」在這些情形之下，人事保證之關係皆因而消滅，也就是人事保證契約將不再存在，保證人當然也不用、不能再負保證責任，此時就僱用人言，其藉由保證人所能得到之擔保等於零，所以除了第三款及第四款之情形係發生於受僱人本身而無須保證人繼續提供保證之外，其他二種情形基本上僱用人都應會要求受僱人另覓保證人才是。

　當果真發生因受僱人職務上之疏失所致生僱用人之損害而應由保證人負責賠償之事件時，僱用人即取得一個損害賠償請求權。既謂之為「請求權」，即表示是一種權利，行使與否端看僱用人之意思來決定；但是為了避免僱用人久久不行使其權利而讓保證人處於不安之狀態，所以法律就此亦訂有請求權之時效規定，要僱用人在時效內主張其權利，逾期則保證人即可主張時效抗辯。因為受僱人基於職務而致生僱用人於損害之行為，在本質上亦屬於侵權行為之一種，所以時效上亦比照侵權行為二年之請求權時效（民法第七五六條之八），所以僱用人欲向保證人請求損害賠償即

須於事發之後二年之內為之。

　　擔任他人之人事保證人，有時確為人情上所無法推拖，有時亦為親情上之不得不然，所以就算發生了應負賠償責任之事件，通常都是保證人向僱用人完成損害之賠償後就不了了之、認賠了事，反而都忽略了人事保證之保證人本身依法所具備之權利，雖然不常用到，但還是有必要把這個求償之權利說個明白。因為依民法第七百五十六條之九規定：「人事保證，除本節有規定者外，準用關於保證之規定。」再查之民法保證一節之規定中，在第七百四十九條規定有：「保證人向債權人為清償後，於其清償之限度內，承受債權人對於主債務人之債權。」如前所述此規定既然在準用之列，則人事保證人向僱用人為清償後，在清償之範圍內即依法承受該債權，而得以再向受僱人請求償還。其實能不能向受僱人去取得償還，對於保證人而言應該較不是那麼重要，因為其出發點本來就在人情、親情上的關係，但是如果有此代位求償之權利存在，在保證人主張求償權後，才能讓受僱人心中產生警惕，不要誤認為反正有人代為賠償，自己就肯定沒事了，而使其日後能更加謹慎小心，如此才不辜負別人願意當人事保證人的一番苦心。

◈ 四、合會（民間互助會）簡介

案例 ･････････････････････････････････

　　莊董在不敵強力邀請之下，參加了阿枝嬸所召集之互助會，但是當拿到阿枝嬸所給之會簿之時，莊董發現該互助會之成員竟

登記有公司行號之名稱，也有只寫綽號之人，阿枝嬸更將其未成年子女亦列在會員裡，莊董因而去找阿枝嬸要求退出。

問題 ••

莊董在會簿裡所發現的問題算不算是問題？

解析 ••

按民間互助會（依新修正施行條文增訂「合會」一節，本文配合法條規定，以下皆稱為合會）係民間長久以來用為自行籌措小額資金之金融制度，然在以往並無法律明文對此制度作一規範及約束之情況下，當經濟不景氣而發生「倒會」風波時，即因欠缺法律之明文而造成求償上之困難，或因當事人不瞭解其間之法律關係，亦進而造成不必要之纏訟或濫訟，久之即生民怨，是以此次民法之修訂特以九個條文獨立為一節用以規範合會制度，使民間之合會取得法律之明文規定，確定會首與會員間之權利及義務，希藉此減少因合會所產生之糾紛。新修正條文已於民國八十九年五月五日施行，在民間參加合會時對於權利之行使及義務之履行已有法可循，但縱然法律已有明文之規定，惟徒法仍不足以自行，法律公告施行之後，在民間運作上卻仍是糾紛不斷，一般之民眾經常不知亦無法按法律之規定來操作並確實遵守，雖然法律已公布施行四年多了，但為強化宣導仍有再加以介紹之必要。

㈠**何謂合會？**

依修正條文第七百零九條之一第一項規定：「稱合會者，謂由會首邀集二人以上為會員，互約交付會款及標取合會金之契約。其僅由會首與會員為約定者，亦成立合會。」在未明文規定之前，

會首與會員之間有合會之關係存在，然在會員與會員之間，依最高法院六十九年度臺上字第一六○一號判決要旨所示：「臺灣省民間合會習慣，係會首與會員間所訂立之契約，會員相互間並無債權債務關係，會首倒會，對未得標之會員自有給付原繳會款之義務，不因其他會員未繳會款而可免責。」最高法院原係認為會員與會員間並不發生債權債務關係，故而當時之合會係由會首與眾會員各自成立獨立之契約而組成，以致當會首倒會之時，活會會員無法直接對死會會員主張權利要求其應給付死會錢，而是須以「代位」會首之方式始可以向死會會員催討死會錢，但是如果沒有透過專業律師處理，一般民眾哪能知道什麼叫「代位請求」，以致在訴訟上常不得要領；惟在新法施行之後即不需再如此麻煩，因依新法之規定，會首與會員及會員與會員間，皆因參加同一合會而有同一「契約」關係存在，會首及眾會員都是契約之當事人，其權利義務便依當事人所約定之內容為依據，不用再複雜地代位來代位去了。

（二）**如何召集合會及會員資格之限制**

　　以往會首擬召集合會，只要一一得到會員之應允，待達到必要之人數即可開始進行，並無一定之形式，認真一點的會首，就每個會員發一本會簿，該會簿上僅記載會員之姓名，常因為登記得太草率了，以致發生糾紛時，受害之一方即欠缺相關之證據得以證明其權利之存在；另在會首倒會不知去向或會首有偽標、冒標之情形發生時，會員間亦無法根據會簿之記載進行橫向之連繫以做證據之核對及確認。因此民法乃增訂第七百零九條之三第一

項規定：「合會應訂立會單」，使會單成為必備之文件，而會單應記載下列事項：「一、會首之姓名、住址及電話號碼。二、全體會員之姓名、住址及電話號碼。三、每一會份會款之種類及基本數額。四、起會日期。五、標會期日。六、標會方法。七、出標金額有約定其最高額或最低額之限制者，其約定。」再依同條第二項之規定：「前項會單，應由會首及全體會員簽名，記明年月日，由會首保存並製作繕本，簽名後交每一會員各執一份。」由此規定即知會單應該要由會首及各會員親自簽名，而不能再由會首一個人從頭簽到尾，藉此並亦得作為證明會員親自參與合會之本意，使其無法在日後再用未親自簽名為理由進行抗辯；然事實上法律規定雖然是已經規定了，但總還是有許許多多的人不知道有此規定，仍是按原來的作法在做，因此為了避免會首以未訂立會單作為合會未成立之理由，同條第三項則規定：「會員已交付首期會款者，雖未依前二項規定訂立會單，其合會契約視為已成立。」因見於目前會首偽標、冒標及虛設會員之情形相當嚴重，是以才會規定會單需由會首及會員全體簽名，而以往會單皆由會首自行制作，會員無需親自簽名，造成會首本身即有會單之制作權，縱其內容不實，亦無法追究其偽造文書之刑責（參考最高法院八十五年臺非字第二六〇號判決）；新法施行後，只要是會首虛列會員而將虛列會員之姓名逕自簽於會單之上，則會首因為未得該名義人之同意或係該人根本就不存在，此時會首便需擔負偽造文書之責任，而會員亦應以自己之名簽名入會，倘未得他人之同意而簽署他人之姓名入會時，亦同應負偽造文書罪責。

其次，以往之所以糾紛叢生，多肇生於會首兼會員，即會首以他人、自己或其子女（尤其是未成年之子女）之姓名、以所經營之公司名稱等，再參加為會員之虛列情形，致會首一人實際上有多數會份存在，倘會首稍一不慎導致經濟周轉不靈，則出現會首倒會之結果顯將無法避免，而此時因會首擁有多會所致生其他會員之損害範圍勢必比會首只有一會之情況下還來得大。為此，新法第七百零九條之二特明文規定：「Ⅰ會首及會員，以自然人為限。Ⅱ會首不得兼為同一合會之會員。Ⅲ無行為能力人及限制行為能力人不得為會首，亦不得參加其法定代理人為會首之合會。」藉此防止會首將債權及債務集於一身而混淆法律關係，並可將會首倒會時所致生之損害控制於最小之範圍內。

㈢如何標會？

原本依民間合會之習慣即由會首取得第一會之全部會款而無庸另行開標，故增訂民法第七百零九條之五予以明文規定：「首期合會金不經投標，由會首取得，其餘各期由得標會員取得。」至於第二會以後之「標會」如何運作呢？依同法第七百零九條之四規定：「Ⅰ標會由會首主持，依約定之期日及方法為之。其場所由會首決定並應先期通知會員。Ⅱ會首因故不能主持標會時，由會首指定或到場會員推選之會員主持之。」再依第七百零九條之六規定：「Ⅰ每期標會，每一會員僅得出標一次，以出標金額最高者為得標。最高金額相同者，以抽籤定之。但另有約定者，依其約定。Ⅱ無人出標時，除另有約定外，以抽籤定其得標人。Ⅲ每一會份限得標一次。」此法條所規定之事項基本上僅係將標會之方式由原

本民間傳統習慣之運作提升至法律明文規定之層面，使會首及會員有所遵循，但此並非屬於強制規定，會首如與會員間尚有其他不同之約定，則只要在召集合會之初予以預先達成共識即可，不過如有其他不同之約定時，最好要在會單裡面免予以明文化，才可免去將來口說無憑之爭執。

㈣**開標後之處理**

　　凡每期開標後皆應有會員得標，以往會首或者收款緩慢，或是收得會款之後遲不交給得標會員，或根本就拒不交付而挪為私用。為免發生此等糾紛，使得標會員早日取得會款，並期合會得以正常運作，是以增訂第七百零九條之七規定會首及會員交付會款之期限如下：「Ⅰ會員應於每期標會後三日內交付會款。　Ⅱ會首應於前項期限內，代得標會員收取會款，連同自己之會款，於期滿之翌日前交付得標會員。逾期未收取之會款，會首應代為給付。Ⅲ會首依前項規定收取會款，在未交付得標會員前，對其喪失、毀損，應負責任。但因可歸責於得標會員之事由致喪失、毀損者，不在此限。Ⅳ會首依第二項規定代為給付後，得請求未給付之會員附加利息償還之。」此已明定會員應交付會款之期限，並課予會首收齊會款之期限及保管、交付會款予得標會員之義務及責任。可是此法條並未規定會員如果逾期未交付會款會產生什麼後果，以及會首如果未依法定期限做到收齊會款及交付時，其應有之效果為何，若僅是要會首在交付之前要對會款之喪失、毀損負責，恐怕對會首而言將是一個不痛不癢之規定，將來修法之時應有再予加強會首收齊、交付會款義務之空間在。

㈤會首及會員入會後轉讓之限制

按以往會員入會後，常因種種因素即向會首表示無法繼續參與而要求結算退會，在此種情形下，會首有者會請他人入替，或者就由會首想辦法自行承擔而順理成章就增加自己一會，然此方式經常因欠缺原本之信賴或其他會員無法知悉，加上影響到會首之周轉能力，故而難免致生糾紛及困擾，是以新法增訂後既已明文規定會首不得兼會員或以未成年子女之名義入會（第七百零九條之二），因而會首即不能再自行承擔退會會員之會份。然究竟退會、轉讓會份應如何處理？在增訂第七百零九條之八即規定會首及會員轉讓權利之限制如下：「Ⅰ會首非經會員全體之同意，不得將其權利及義務移轉於他人。Ⅱ會員非經會首及會員全體之同意，不得退會，亦不得將自己之會份轉讓於他人。」藉由以會員全體之同意為條件，避免會首私下運作致生其他人之損害。可是法律規定還是有很多的盲點在，試問一句，如果確實無法取得全體會員之同意，而該會員又堅持要退會或者確實已經沒有能力繼續參加下去的時候怎麼辦？老實說，我也不知道，因為法律僅規定不得這樣、不得那樣，到真正發生問題的時候，卻找不到法條來指示該怎樣，平白留下一些衝突及解釋之空間，雖然顧及彈性卻也無法避免產生糾紛。也許這就是立法的困難或藝術吧！

㈥會首「倒會」之處理

按合會之基礎係建立在會首之信用與會員間彼此之誠信上，如遇會首破產、逃匿或有其他事由致合會不能繼續進行時，以往皆由會員各自各憑本事向會首追討，或藉由已得標、屬於死會之

親、友會員之私相授受而取得死會錢以減少損害；然此畢竟只有少數會員能做到，對其他會員不甚公平，對會首債務之清理效果亦有限。是為保障未得標會員之權益，自應由會首及已得標會員將各期應給付之會款，於每屆標會日期，按未得標會員之債權數額，平均分配交付之，使全部之活會會員能均霑其利，故而本次修法增訂第七百零九條之九予以明文規定，條文內容如下：「Ⅰ因會首破產、逃匿或有其他事由致合會不能繼續進行時，會首及已得標會員應給付之各期會款，應於每屆標會期日平均交付於未得標之會員。但另有約定者，依其約定。Ⅱ會首就已得標會員依前項規定應給付之各期會款，負連帶責任。Ⅲ會首或已得標會員依第一項規定應平均交付於未得標會員之會款遲延給付，其遲付之數額已達兩期之總額時，該未得標會員得請求其給付全部會款。Ⅳ第一項情形，得由未得標之會員共同推選一人或數人處理相關事宜。」可是法律規定是規定了，做起來可沒這麼簡單，遇上被倒會了，誰不想全部受償或能多拿些回來就多拿些回來，人一多、嘴就雜，意見一多就無法達成共識，無共識也就難辦事，依經驗來說，一旦發生倒會的狀況，不論是會首倒或是會員倒，通常都沒一個善了比較多；加上經濟不景氣，善意的也好，惡意的也不少，倒的越多，糾紛也就越多，所以合會究竟是不是一個好制度，恐怕見仁見智。但是我不敢參加、也從未參加過，這絕對是很堅持的。

㈦**新增訂條文對合會相關刑事責任之影響**

⑴偽造文書：本罪名係以無制作權而捏造他人名義制作該文

書而構成。以往會首虛列他人姓名為會員，因會首對於會單有制作權，虛列他人姓名為會員只是會單之內容登載不實，因會首依習慣本有制作會單之權利，而會單亦無明文之格式，會首得以恣意制作而非屬無制作權及冒用他人之名義，因而尚未能構成偽造文書犯行。然依前述增訂條文第七百零九條之三第二項規定：「前項會單，應由會首及全體會員簽名……」，此條文施行之後參加合會即應由會員親自於會單上簽名，會首倘再虛列會員並偽造署押、印章而簽名、蓋章於會單上時，依新增定條文所擬規範之精神，會首即屬無制作權，即會構成偽造文書罪，故而依法會首須一一徵得會員之同意並由會員親自於會單上簽名，始能避免觸犯偽造文書之罪刑。

(2)詐欺取財：詐欺罪係指使用詐術使人陷於錯誤而為金錢、財物之交付，因而獲得利益並致他人受有損害而言。在會員參與投標不甚踴躍或係會員要求會首代標之情況下，通常會首都會有私自決定誰得標的機會，這也是讓會首因而得到一個上下其手從中作弊的機會，因為常發生明明是甲會員得標，會首偏偏不告知甲會員已得標，在向甲會員收取會款時卻謊稱係乙會員得標，而向乙會員收會款時才又說是甲會員得標，造成甲、乙二會員都有陷於錯誤而交付會款之情形（乙會員的部分有討論的空間，因為乙無意參與投標，因此不論誰得標，他都有交付會款之義務，基本上並無陷於錯誤之情形）。當會首出現此等作法之後，必係將其所收得之會款挪為己用因而獲有不法之利益，然此對於甲會員而言恐怕已涉有詐欺取財之犯嫌。

(3)侵占：侵占係指持有他人之物而以變易「持有」為「所有」之意思將之據為己有。以往法無明文之時，會首雖有收齊會款並交付予得標會員之義務，惟得標會員在未取得會首交付之會款前，並不因得標之事實而當然取得會款之所有權，是以會首將收齊之會款據為己用時，對得標會員只有債務不履行之問題，尚不致構成刑事責任。然依增訂條文第七百零九條之七規定，會首應於標會後三日內「代」得標會員收取會款，再連同自己之會款於期滿翌日交付得標會員，並在未交付前對其喪失、毀損應負責任，是以新法施行之後，會首係「代」得標會員收取會款，依該法條之意旨即表示在開標之後，得標會員即取得未得標會員當次所應繳之會款的所有權，而會首只是「代」為收齊而已，其所有權無待於會首之交付即係屬於得標會員所有，是以，倘會首將代為收齊而暫時持有之會款，未交付予得標會員而據為己有將之花用，其行為即符合於變易「持有」為「所有」之要件，此時便應成立侵占罪。

(4)背信：背信罪係指為他人處理事務、而為違背其任務之行為致生損害於本人。因以往會首招會、標會皆係為自己之利益而做，收會款亦只為召集合會所致生之必要義務，故而就算有損害會員之行為，亦難課以背信罪責。然依增訂條文第七百零九條之七規定，會首應於標會後三日內「代」得標會員收取會款，連同自己之會款於期滿翌日交付得標會員，在未交付前對其喪失、毀損應負責任，顯然係指會首之行為係「代」他人在收取會款並對收齊之會款負有保管之義務，故而此部分應已涉及為他人處理事

務，而不再單純是為自己之利益而做之行為；若發生有違背收款、保管任務之行為時致生損害於得標會員時，嚴格言之亦將會發生背信之刑事責任問題。不過以上所述會首之行為會涉及刑事不法之犯行，在實際審判上常會因牽連犯之關係而僅從其中最重之一罪來處斷，而被害人所提出之告訴是否有所主張也會有影響，是以此部分見解仍待就各個實際發生之案例於個案調查、審判時來進行檢視。

小結：依此次民法增訂關於合會之條文，無異將民間行之已久之民間互助會予以成文制度化，使之成為單一獨立之契約類型而有法律之明文規定可循。然在條文之規定上仍有未臻完善之處，尤其當現實發生違反相關規定之行為時，其效果應當如何？並無明確之條文可依。舉例言之，第七百零九條之二第二項既已明文規定會首不得兼為同一合會之會員，然會首果真仍兼為同一合會之會員時，該如何？是要讓該合會全部都無效？還是僅就會首兼有的該一會份無效？當會員中有人要求退會卻無法得到其他會員全體之同意時又該如何？凡此顯為新增訂條文尚有未盡滿意之處。是以徒法不足以自行，當有意參與合會時，不論係擔任會首或係會員，皆應本諸誠信，始能建立會首與會員及會員與會員間彼此之信任關係，進而避免自身權益受損或發生侵害他人權益之情事，消弭糾紛於無形。

◈ 五、倒會了，怎麼辦？

案例 ●●●

　　莊董在其所參加的合會投標過半數之後，才按時出面參與投標，可是每次去標都標不到，每次會首都說某某人有委託他代標，而開標後正巧都是委託會首代標的人得標。幾次下來莊董心覺有異，乃向前幾次得標的會員查詢，惟查過之後發現那些會員都說他們沒有委託會首代標，都還是活會，莊董據以向會首提出抗議，隔天會首竟然就不知去向了。

問題 ●●●

　　莊董遇到這種狀況是不是被惡性倒會了？該怎麼辦？

解析 ●●●

　　會被倒了，怎麼辦？老實說，我也不知道要怎麼辦，因為執行律師業務這些年來，都還沒見到過倒會後還能善了的案例，尤其是會首涉及偽標、冒標之行為，惡意倒一大堆會員、倒會金額很大之案子，更是無法妥善的加以處理。曾遇過會首明顯利用委任律師出面代其召開債權人會議以拖延時間，讓事件冷卻之後再慢慢處理，也見過會首很快就申請鄉鎮市調解委員會調解，很快就與會員達成分期清償之和解，然後付幾期就不付了，此時被倒會之人要再回頭告他（她）就不容易了；較多是乾脆避不見面、逃之他去，這種狀況是最容易被會員告上法院的，但是到最後，就算會首真的被判刑、入獄，可是被倒的會員能取回會款的實在

少之又少，而會首能在出獄後努力賺錢、還錢的，恐怕到現在還沒生出來。所以要問倒會了怎麼辦？真是很難回答。

如果會首是惡意倒會，那他（她）就不會留下財產等著您來查封，因為一開始他（她）就會把財產隱匿在配偶或子女之名下，甚至以他人之名義辦理登記，造成被害人就算要提出假扣押程序之聲請以防止脫產，亦查無財產可供查封執行，如果喪失對會首之財產進行假扣押之機會，往後就只能看會首之良心及被倒會員之運氣了；但是如果不是惡意倒會而是被人牽連的呢？那恐怕就要祈求上天保佑他（她）有財產且很誠意地拿出財產，且其財產足以清償全部之債務，否則被害人也僅能加、減拿，強求已經無用，不過有拿總比什麼都拿不到好，能拿還是要拿。

民事部分若已確定拿不回錢，那刑事部分要不要告？要不要告首先要判斷：(1)倒會的如果是會首，那他（她）有無偷標、冒標的情事？這個由聯繫全部之會員確認死會有幾會、活會有幾會，再核對全部之合會會員數算一算後面還剩下幾會，算出其間之差距後大概就可以知道會首偷標了幾會；(2)倒會的如果是會員，那要看他（她）有無倒會的意圖，因為曾有人參加之後即開始搶標，很快標到之後就再也不付死會款，此時該會員即顯非基於參與合會之意思而參與，最後很容易會被認定為是以參與合會為手段，而其最終目的只是要騙取會首交付得標會款，在此情況下構成詐欺罪的機率就很高；(3)雖然有上述之情形存在，也要再看看有無掌握到相當及確實之證據。有足夠的證據的話，再判斷：(1)倒會的人怕不怕刑事責任，亦即怕不怕關，如果會怕，一定要告，因

為告了之後他（她）會想辦法拿錢出來解決，此方法雖然是以刑逼民而有點不太光明正大，但是又何奈，不用也不行；⑵如果倒會的人不怕關，那就要審酌告是要告出氣的、告「爽」的，或是要告一告讓自己短命的，因為錢被倒了不打緊，提出告訴之後還要陪著跑法院應付冗長之訴訟程序，明知道已經要不回錢，又要去法院聽被告在法庭上為自己辯護的一派胡言，加上律師在一旁幫他說話，脾氣不好的人不會氣死嗎？才怪！所以告與不告之間的衡量就要評估其所能得到之效果以及自己之抗壓性如何，不要一味地想要告死他（她），弄到最後對方沒事卻反而讓自己受傷害就不好了。

　　總而言之，近年來因為經濟景氣不佳，中小企業撐不過寒冬的一大堆，而中小企業通常都是老闆親自或家族型態在經營，根本無法將企業所有與企業經營分離，而在須錢調度之時，除了向銀行借貸之外，由老闆出面召集合會之情形絕屬難免；一旦公司撐不過去，老闆倒會當然也就成了必然之後果，以致中小企業關門倒閉風一起，民間倒會潮就跟著來。如前所言，倒會之案件真的很難求償，值此不佳之經濟環境，不論是召集還是參加合會，真的是要慎思再慎思了。但是如果真遇非要參加不可的時候，該如何將被倒會之風險降到最低？以下提出應該可以輕易就做到的幾件事供參考，雖不能確保安全，但總是多一分注意就多一分保障：

　1. 參加前注意會首之經濟狀況、召集合會之動機及往來之信用。
　2. 依法親自在會單上簽名。

3.要求會首所交付之會單在會員資料之記載上一定要明確。

4.發現會首利用公司或其未成年子女兼會員時，應嚴予拒絕。

5.每次標會應儘可能親自到場參加。

6.若未能到場參加標會，事後應於會首收會錢告知係某位會員得標之時，立即向該得標會員查證是否屬實。

◈ 六、去山上買地要注意是否為原住民保留地!

 ••

　　「天來伯」被選任為「桃園慈○宮」之主任委員，經委員會決議要用眾善男信女之捐款到山上去購買土地興建寺廟，經透過中間人之介紹，「天來伯」與眾委員在桃園縣復興鄉選定了某處適當之位置後，即代表與自稱為地主之「茂哥」簽立土地買賣契約，雙方於契約中約明分期付款之時程及移轉過戶之期限。然「天來伯」依約付了一千餘萬元之價款後，至應辦理移轉過戶之期限時，竟發現「茂哥」僅有該等土地之耕作權，土地之所有權仍屬國有，而且該等土地又係「原住民保留地」，就算「茂哥」擁有所有權，也根本無法移轉登記在非原住民之「天來伯」名下。「天來伯」向「茂哥」要求返還已付之價款，誰知價款早被「茂哥」花用一空，「天來伯」始驚覺大事不妙!

問題 ••

　　(1)何謂「原住民保留地」?

　　(2)「原住民保留地」權利之取得有何限制?

解析 ‧‧‧

(1)本件係屬真實發生之案例，而本案該位出賣人「茂哥」確實具有原住民之身分而符合可以取得原住民保留地之權利，但是因為買方之當事人太大意了，買到的標的竟是不能移轉予非原住民之保留地，而已交付之價款又已被花之殆盡而拿不回來，以致造成鉅額之損失。因為就算是像筆者身為律師，在接受本案之委任之前對此相關問題亦是一知半解，所以有必要將「原住民保留地」相關之規定提出來講清楚，以免一般人不解其意又發生一樣的錯誤。

按政府為保障原住民之生計，避免人為不當之炒作、開發而影響原住民行政之推行,乃將許多之原住民鄉鎮之山地劃編為「原住民保留地」，作為專供原住民使用之土地，並另外訂定「原住民保留地開發管理辦法」之特別法來加以規範。此種原住民保留地在地政機關現行之電腦化土地登記簿謄本上都會有依「原住民保留地開發管理辦法」為限制移轉之記載，而在以前之手寫舊式土地謄本上，都僅是以一個小圓圈圈內載一個（山）字之橡皮戳章蓋在其上代表之，這樣之記載實在讓一般人無法了解其意，有時僅會被誤認為係「山地」、「山坡地」之意而予忽略。本件受害之當事人未能即時察覺買賣之土地有問題，其原因之一即為賣方所提供之謄本係舊式之謄本，以致未能了解其意，而現在電腦列印之登記簿謄本的記載就清楚多了，讓人一看就知道該等土地權利之取得是受限制的。

(2)就原住民保留地之權利取得限制言，一般不具有原住民身

分之人要取得原住民保留地之土地權利，要符合原住民保留地開發管理辦法第二十八條第一項及第三項之規定才行，其第一項之規定為:「非原住民在本辦法施行前已租用原住民保留地繼續自耕或自用者，得繼續承租。」第三項之規定為:「非原住民在轄有原住民保留地之鄉（鎮、市、區）內設有戶籍者，得租用該鄉（鎮、市、區）內依法得為建築使用之原住民保留地作為自住房屋基地，其面積每戶不得超過零點零三公頃。」但是，原住民保留地開發管理辦法係早於七十九年三月即公布施行，非原住民在施行之前即已合法租用者本即不多，加上轄有原住民保留地之鄉鎮大都屬於山地鄉，而原住民保留地亦大部分係屬位於山上被限制開發之山坡地，故而能依法建築之土地實在少之又少。所以非原住民要想租用或取得原住民保留地之權利，雖然有法可循，但實際上卻困難重重。

其次，就原住民已取得之原住民保留地之權利轉讓問題，須分成二個層次來看，第一: 如果原住民所取得之土地權利係屬於無償使用權、承租權、耕作權或地上權之階段（在土地登記簿謄本上，就此等不同之權利歸屬都有明確之記載），此時依原住民保留地開發管理辦法第十五條第一項之規定:「原住民取得原住民保留地之耕作權、地上權、承租權或無償使用權，除繼承或贈與於得為繼承之原住民、原受配戶內之原住民或三親等內之原住民外，不得轉讓或出租。」這種權利取得之後，就算在原住民之間亦不能隨便轉讓或出租予他人，僅能繼承或贈與予得為繼承之「原住民」、原受配戶之「原住民」或三親等內之「原住民」，因此，非原住民

就算與原住民存有相當之親屬關係，也無法經由私下之轉讓而取得原住民保留地之耕作權、地上權、承租權或無償使用權；第二：如果原住民已取得原住民保留地之「所有權」時，依原住民保留地開發管理辦法第十八條第一項之規定：「原住民取得原住民保留地所有權後，除政府指定之特定用途外，其移轉之承受人以原住民為限。」亦即原住民已取得原住民保留地之「所有權」者，其所有權基本上是可以不受親屬親等之限制而得在原住民之間進行轉讓的，是以非原住民自不能直接向原住民買受原住民保留地之所有權。一般而言，常見法院在拍賣原住民保留地之所有權時，在拍賣公告上亦會明確標明投標人應出示具有原住民身分之證明，否則其投標將因欠缺法定之身分而不生拍定之效力。

　　綜上，想要到山上買地不論是要蓋廟宇或休閒小木屋，除了要注意其坡度大小、是否屬於政府公告禁、限建之山坡地保育區外（任意開挖、破壞地表水土涵養而違反山坡地保育利用條例及水土保持法之罰則相當重，千萬不要輕易觸法），也要留意是否為原住民保留地。如果是原住民保留地而買方本身又不具有原住民身分時，那就要大大方方地放棄，不要去花大筆之冤枉錢而依法卻不能取得合法之權利。

七、車禍事件處理之基本原則㈠——車禍現場應注意之事項

案例

莊董一大早騎著腳踏車出去運動，經過十字路口時，因為還是凌晨所以紅綠燈還沒到正常運作之時間，一邊還閃著紅燈，另一邊則閃黃燈。莊董看到兩邊都無來車才小心翼翼要過馬路，不料竟有一送早報之先生騎著機車突然自路旁竄出，一不小心便將莊董撞得四腳朝天。莊董從地上爬起，擔心天色未明被其他車輛追撞，於是便直接將腳踏車牽到路邊去，稍一檢查自認還好沒事，就讓該肇事之送報先生離開繼續送報去，莊董天亮回到家之後才發現自己之手腳有嚴重之擦挫傷，衣褲還沾滿了血跡。

問題

㈠發生車禍事故時，在現場應注意什麼事？

㈡被撞的人要如何主張權利？（見 p.212「八、」）

㈢撞到人了要負如何之責任？（見 p.218「九、」）

㈣車禍事件處理之流程如何？（見 p.221「十、」）

解析

在車禍現場應注意到的幾件事：因為國人守法觀念之不足，以致造成交通秩序混亂，此狀況久來已不足為奇，而最近更不難發現各十字路口之紅綠燈警示作用已呈僅供參考之狀態，常常會

有人只要看到兩邊沒來車就直接一闖而過，根本就不曾抬過頭看看現在到底是紅燈還是綠燈；另外像看到前面路口已變換為閃黃燈，馬上就要變成紅燈了，此時都得先看看後面有沒有其他車跟著，如果有車跟在後面還要再判斷其距離及速度如何，再決定要不要停車等紅燈。試問怕什麼？答案當然是怕被後車追撞！在這種交通亂象下，三不五時就有人上門詢問發生車禍事件要如何處理善後，而這些人不外就兩種人，一種是被人撞的被害人，另一種當然就不用說也知道。

　當事人到事務所來詢問車禍事件該如何處理時，律師通常都會先問清楚現場有無完整保留，亦即有無報案請管區警員到現場畫現場圖及保存相關之證據。因為在發生車禍之後，經常為了救人或者是避免妨害其他車輛之通行、更有者是自認為沒事而移動、或是肇事者有心為之，都有可能輕易地就將事故現場予以破壞掉，一旦車禍事故現場被破壞，管區警員到達之後就無法正確畫出事故現場圖，將來要釐清責任歸屬就有困難。因為欠缺現場圖之輔助，雙方就會各執一詞、各說各話，這種情形產生後，車禍責任鑑定就無法準確，隨而法官在認定責任歸屬時就會有困擾，進而形成不管法官如何判都無法讓雙方當事人滿意之結果，這種狀況在有車禍現場圖時都會發生，何況沒有現場圖就更不用說了。所以，當發生車禍事故時，除了是重大事故而致當事人已不省人事之情形外，在兼顧現場人員安全之前提下（要避免發生二度事故），事故現場一定不能做任何之移動，一定要待警員到場畫完現場圖之後聽其指示再行移動；就算人員未受傷，車輛亦能移動，縱因

不移開而有妨害到交通會被警員開罰單之虞慮（道路交通管理處
罰條例第六十二條第二項規定參照），也要堅持，因為這個重要之
證據在車禍事件之處理上真的是忽略不得的。

　　其次，如果事故之發生原因不明確（像是：到底是誰闖紅燈、
誰未讓誰先行、肇事者有無超越雙黃線等等），雙方並在現場已發
生爭執時，則將來對於肇事責任之歸屬必會有所爭議。此時最好
先掌握到相關之人證，亦即在現場圍觀之人群中或是就近之商店、
檳榔攤，先行找尋有無親眼目睹事發經過之人，如果有，應徵得
其同意留下其個人之連絡資料，並請其將來出庭作證；如果發現
商店設有監視錄影設備，亦應向其懇求先不要將可能有錄到事故
發生經過之錄影帶洗掉，凡此都有助於將來對於肇事責任之認定。

　　第三，如果未能即時達成和解，切忌在警員未到前自行離開
現場。因為曾有當事人來事務所詢問時提及其確實是由後方追撞
前車，但下車後檢視車損情形並不嚴重，又是三更半夜，所以就
隨便留了一張名片給對方，告知對方待天亮之後再約到某某修車
廠去估價修車，他會負責賠償，之後就直接離開了。無奈凌晨時
竟接到警察之電話，說有人到派出所去告他肇事逃逸，經對方抄
下車牌號碼要求警察追查車主到案，如此一來，如果對方堅不承
認肇事者曾有下車交付名片一事，則肇事者極有可能百口莫辯而
真的要多揹負一條「肇事逃逸」之責任了。所以，如不能即時達
成和解，為了避免節外生枝，一定要在現場等到警察到達才行。

　　第四，除了要注意自己受傷之情形，馬上就醫並取得診療紀
錄外，也要注意對方受傷之程度，最好也能陪同其就醫，藉以了

解其傷勢情形，俾免將來對於其傷害是否為車禍所造成產生爭執。曾發生過當事人開車在轉彎時與一老先生之機車發生小擦撞，老先生之機車手把擦撞到當事人之後行李廂而倒地，經送醫檢查後發現老先生有第三頸椎骨折之情形，須要開刀治療，除

此之外並無其他傷勢。然老先生第三頸椎骨折開刀完成後，在住院期間竟然暴發一大堆之老人病，持續住院近一年後就死了，死亡原因為肝硬化、腎臟結石、心肺衰竭等，根本就明顯與車禍致生之第三頸椎骨折無關，但是其家屬就很不明理，硬說如果不因車禍住院也不會暴發其他之病症，也還可以多活好幾年。為了這樣雙方纏訟了三年多，最後這個肇事者因為被法院認定為依當時法律規定健保給付部分還可以要求加害人賠償之結果而多賠了不少錢（參最高法院八十八年度臺上字第一二一號判決，但實務上亦有認為健保給付部分已不能再向他方要求賠償，只能要求賠償自負額部分，此參最高法院八十八年度臺上字第三五三號判決）。而該案除了法律適用之爭執外，大部分亦多在爭執車禍當時所受到之傷害究竟為何？與其死亡之結果相不相關？所以，如果對方有受傷之情形的話，確有必要在第一時間就先確認其傷勢到底為何。

　　第五，如果在事故發生之時出現肇事者肇事逃逸之狀況時，除了自己已不省人事之外，非得要將對方之車號給記下以供事後

追查，這當然就不用再特別交代了。不過有時也會發生記下車號亦發揮不了作用之情形，比如對方所駕駛的是贓車或借屍還魂之幽靈車等等，遇到這種狀況時就真的只能自認倒楣了。

第六，為了讓當事人（不論哪一方）能更容易主張自己之權利，現在已可要求原處理單位、管區派出所、交通隊等在處理完事故現場後，依其所蒐集之資料對事故發生之經過做出初步之判斷，並據以發給「道路交通事故證明書」，警察處理單位即會對當事人所提之申請依作業規定發給之。

◈ 八、車禍事件處理之基本原則㈡——被撞的人要如何主張權利？

當發生車禍事故時，如果身體所受之傷害不太嚴重，而肇事者又有誠意賠償時，通常我都會儘量勸當事人達成和解，講白一點就是事故既然已經發生，傷害也已經造成了，其他都不用再講，剩下的不外就是希望肇事者能對於被害人所受之損害賠點錢而已，但是也要肇事者有能力、願意拿出來賠才算數，否則不論您要求的金額多寡，拿不到就是零，所以就算可獲得賠償之金額少了一點，也會要當事人儘量勉強接受。因為以現在法院偵查、審判甚至強制執行程序之效率而言，當事人在沒遇到之前，實難想像當歷經二、三年之纏訟後，其最後之結果卻是對方毫無財產可供執行，到時才發現忙了半天根本就無法獲得實質之賠償，所有

的努力竟只是讓肇事者在刑事責任方面判個幾個月徒刑並得易科罰金而已，肇事者只要賴皮打定將法院的罰金繳一繳之後，民事賠償方面就跑給您追的心態，那民事賠償部分恐怕就求之而不可能了，所以只要雙方所提之和解條件不要太離譜、差距不要太大，當然是希望能達成和解最好。但是如果真的無法達成和解時，除非要自認倒楣，否則被害人應有之權利仍應該要積極去主張，因為在權利行使之過程中，仍然隨時有出現轉圜之機會，而且也應該要讓肇事者負其應負之責任。至於被撞的人要如何來主張權利，後附簡易流程圖供對照參考並說明如下：

⑴注意要在六個月之時效內提出告訴：因為車禍事故致被害人身體之受傷，在刑事責任上屬於過失傷害案件，依刑法之規定為「告訴乃論」之罪，亦即被害人如果不提出告訴的話，那警察就算有到現場處理也不會主動將案件移送，而檢察官當然也不會主動將肇事者提起公訴，法官就不可能將其判刑，所以一定要由被害人提出告訴才行。而依刑事訴訟法第二百三十七條第一項之規定，告訴乃論之罪，其告訴期間為自得為告訴之人知悉犯人之時起六個月內為之，因此，如果肇事者係留在現場處理而被害人當場已知悉其為何人時，其六個月之告訴時效即自事發翌日起算，惟若肇事者逃逸，經事後追查才獲悉肇事之人為何人時，其六個月之告訴時效即應自知悉該肇事者為何人之時才起算。至於如果超過時效才提出告訴的話，會被檢察官以刑事訴訟法第二百五十二條第二款之規定予以不起訴處分，也就是告了也沒用。

⑵要提出告訴時，不論是透過原承辦之警員、派出所，或是

直接向法院檢察署提出告訴狀都可以：因為承辦警員有到現場製作車禍事故現場圖，其後更可能已經對肇事雙方製作好筆錄，甚至對現場證人亦一併做好談話筆錄（依現行交互詰問制度此部分之證據能力是有問題的，證人都應親自上法院具結，其當庭之陳述才算數），所以相關之證據都在警方手上。通常我都會建議當事人直接去要求警察將全案移送檢察署，這樣在證據上會比較完整，但經常遇到當事人會反映說警察常原因不明地拖拖拉拉，動作很慢又無法給一個正確之辦理時程，或是已直接先將全案轉介給鄉鎮市調解委員會嘗試進行調解（比較勤勞的有時也會先送肇事責任鑑定），此時有的當事人在不耐久候之情形下，便會自行向檢察署提出告訴，待分案後再由檢察官向管轄之派出所調閱相關證物，其實在時間之耗費上相差無幾，重要的仍是要把告訴時效掌握好，不要過期了即可，而在整個案件之處理上，這才只是剛開始而已，當然要耐住性子才行。

(3)在告訴時效內提出告訴之後，即由地檢署之檢察官接手，此時檢察官會先向管區派出所調閱並取得相關卷證資料後，就事實較簡單、輕微之案件，有可能會直接轉給鄉鎮市調解委員會先進行調解，如果雙方能達成和解就由調解委員會製作調解書並由告訴人具狀將案件撤回；如果無法達成和解時，調解委員會便將全部之卷證資料中再轉回給檢察官處理（此與管區派出所藉由警分局轉送調解之狀況有些不同，警分局轉介的調解案件在無法達成和解之情況下，調解委員會並不會直接將案件移轉地檢署，而是仍須由當事人另行提出告訴），此時檢察官便會訂期開偵查庭，

當事人只要依檢察官所寄發之開庭通知依指定之日期準時到庭接受訊問即可。當事人在這種車禍事故之偵查庭開庭時，一般言只要將車禍事故發生之時，自己駕車經過之過程做完整之陳述即可，至於對方要如何去答辯則任憑他去，就算對方所辯之內容與事實相去甚遠，此時除非能提出相當之證據予以反駁，否則在沒有確實之證據下，在偵查庭上為誰對誰錯的問題去爭得面紅耳赤都是沒有必要的，因為檢察官只負責判斷肇事者有無過失，只要有些微之過失就會起訴，而通常肇事者要非常明顯處於沒有過失之狀態才會被檢察官不起訴。所以檢察官只負責起訴或不起訴，就肇事責任的認定及如何分配部分，除了有些檢察官會在起訴與否之前先送鑑定外，將來法官審理時大部分也都會送鑑定，雖然鑑定報告所認定之結果只是讓法官做參考，法官才真正是最後做決定之人，但是法官對鑑定報告完全不予採用之案例也不常見。

(4)當肇事者被認定為對車禍事故之發生是有過失存在的時候，檢察官就會將案件提起公訴（近來大部分因車禍所致生之過失傷害案件都直接聲請簡易判決處刑，差別在於法官可以決定不再傳訊被告來開庭而直接做出判決，判決書也會較簡略）。通常而言，被告跟告訴人都會收到檢察官所寄發之起訴書（有時不知何故也會漏掉），起訴後案件即轉歸由法院刑事庭之法官進行調查、審理，在審理期間如果雙方還能達成和解，則案件仍可以在和解後予以撤回，如果還是不能達成和解，則法官最後會對肇事者所涉及之刑責做出一個刑事判決，這個刑事判決結果即為肇事者應負之刑罰責任，惟若是判處得易科罰金的話，那罰金也是繳給法

院（公庫），至於被害人所應得之賠償並不會在刑事判決裡一併解決，所以被害人即有必要在檢察官起訴後、刑事庭法官審理中、辯論終結前（若是聲請簡易判決則須在簡易判決做出前提出），就民事部分之損害提出「刑事附帶民事訴訟」請求損害賠

償。刑事附帶民事訴訟雖可以於刑事庭開庭時用言詞來提出，但通常都會要求當事人補提詳細之起訴狀，起訴狀內應詳列所受損害之項目及其金額，一般而言都不外乎是①醫療費用之支出；②增加日常生活費用之支出；③減少工作（能力）之損失；④精神慰撫金（即精神賠償）；⑤如發生過失致死之狀況時，還會有由受扶養權利人出面請求給付扶養費等等，這些損害之請求，基本上除了精神賠償之部分可以不用單據之外，其餘各項都應要取得相關之收據或提出必要之證明文件才行，至於車輛之損害部分，因為刑法不處罰過失毀損，所以車輛之修理費不可以在附帶民事訴訟中一併提出請求賠償。

　(5)刑事責任部分判決之後，刑事庭法官通常都會將刑事附帶民事訴訟移轉給民事庭之法官去審理，就被告該如何賠及應賠多少錢，留給民事庭法官去決定，此時刑事跟民事就會被分開。因為刑事一審判決已經判決了，被告有可能不上訴而讓刑事判決先確定，被告也有可能對於刑事庭之判決結果不服而提出上訴（相

對於告訴人亦可能會認為判決太輕而聲請檢察官提出上訴，另外有時在第一審漏未提出附帶民事訴訟，也會策略性地聲請檢察官提出上訴，而後在第二審審理時、辯論終結前再補提附帶民事訴訟），此時刑事案件即因上訴而到達第二審，而民事部分才剛轉到一審民事庭法官手上，當然刑事、民事就會從此分開而差了一個審級，刑事庭第二審會就上訴之部分進行審理，而民事庭之第一審就會開始審理民事賠償之部分。不過常遇到的狀況都是民事庭法官會等到刑事部分判決確定之後，再開庭審理民事賠償，如此雖然可以避免民事賠償與否之判決跟刑事部分有罪與否之判決產生不同之認定結果，但是時間上可能會拖上好一陣子。

(6)最終，經過冗長之訴訟程序，即一而再、再而三之開庭之後，刑事部分會判決確定，民事部分也會判決確定。刑事部分最後所決定之處罰結果不論為何，都已無須被害人過問，因為那是國家刑罰權之實施，而該罰的罰金也都是國庫收走，除了有「犯罪被害人保護法」所特別規定之情形而可向政府聲請發給犯罪被害人補償金之外，民事賠償部分即皆回到民事強制執行之程序，此時如肇事者身無分文、沒有工作、毫無財產可供查封拍賣時，被害人即會出現歷經漫長之訴訟程序卻得不到些微補償之狀況，拿到的只是一張勝訴之判決書。果真至此，對被害人即毫無實益可言，這是在實務上最不願見到的情形，也是為何一開始只要雙方之條件不要差距太大，都會儘量勸當事人達成和解之原因。

◈ 九、車禍事件處理之基本原則㈢──撞到人了要 負如何之責任?

　　因為現在的交通狀況大概只能用混亂一語來形容，所以一旦發生車禍事故，不是被人撞到，就是不小心撞到人，其實被人撞到與撞到人之處理程序大同小異，通常只是雙方之角色、地位相對調而已，而各自要走的路基本上都一樣長，對當事人而言這都是一場時間、精神、體力的耐久戰，最後結果是滿意的，就還好，如果不滿意，甚至全白費了，那就得不償失，除了懊惱還是只有懊惱。既然只是角色之互換，那本篇就不在程序上重複說明，而是要來說明不小心撞到人時要負如何之責任，但因為關於這些肇事責任之法條規定已相當明確，所以以下就把這些常見、常用之法條做一分析整理，使其比較清晰易懂及便於查考:

責任區分	事實狀況	適用法條	條文內容
刑事責任	過失傷害、過失重傷害	刑法第二百八十四條第一項	因過失傷害人者，處六月以下有期徒刑、拘役或五百元以下罰金，致重傷者，處一年以下有期徒刑、拘役或五百元以下罰金。
	業務過失傷害、過失重傷害（如計程車司機，營業大客車、貨車、	刑法第二百八十四條第二項	從事業務之人，因業務上之過失傷害人者，處一年以下有期徒刑、拘役或一千元以下罰金，致重傷者，處三年以下有期徒刑、拘役或二千

	拖車等之司機等等)		元以下罰金。
	過失致死	刑法第二百七十六條第一項	因過失致人於死者，處二年以下有期徒刑、拘役或二千元以下罰金。
	業務過失致死	刑法第二百七十六條第二項	從事業務之人，因業務上之過失犯前項之罪者，處五年以下有期徒刑或拘役，得併科三千元以下罰金。
	酒醉駕車	刑法第一百八十五條之三	服用毒品、麻醉藥品、酒類或其他相類之物，不能安全駕駛動力交通工具而駕駛者，處一年以下有期徒刑、拘役或三萬元以下罰金。
	肇事逃逸	刑法第一百八十五條之四	駕駛動力交通工具肇事，致人死傷而逃逸者，處六月以上五年以下有期徒刑。
行政處罰	酒醉駕車	道路交通管理處罰條例第三十五條第一項	汽車駕駛人，駕駛汽車經測試檢定有左列情形之一者，處新臺幣一萬五千元以上六萬元以下罰鍰，並當場移置保管其車輛及吊扣其駕駛執照一年；因而肇事致人受傷者，並吊扣其駕駛執照二年；致人重傷或死亡者，吊銷其駕駛執照，並不得再考領： 一、酒精濃度超過規定標準。 二、吸食毒品、迷幻藥、麻醉藥品及其相類似之管制藥品。
	駕車違反交通安全規則致人	道路交通管理處罰條例第六	違反道路交通安全規則，因而肇事致人死亡者，吊銷其

死、傷	十一條第一項第四款 第六十一條第三項	駕駛執照。 汽車駕駛人，駕駛汽車違反道路交通安全規則，因而肇事致人受傷者，吊扣其駕駛執照三個月至六個月。
肇事逃逸	道路交通管理處罰條例第六十二條第一項	汽車駕駛人，駕駛汽車肇事致人受傷或死亡，應即採取救護或其他必要措施，並向警察機關報告，不得駛離；違者吊扣其駕照三個月至六個月；逃逸者吊銷駕駛執照。

　　在此還要對「肇事逃逸」之認定做一點強調，依最新出爐最高法院九十二年臺上字第七三二八號判決所示之旨，其對肇事逃逸之認定採較寬鬆之標準，即：「刑法第一百八十五條之四之肇事逃逸罪，固以知悉肇事而故意逃逸為要件，惟對於致人死傷之事實，則祇要有該項結果之發生為已足。告訴人既有受傷之事實，則上訴人在原審辯稱不知告訴人受有傷害云云，縱令無訛，並不影響其犯罪之成立。」據此，只要在事故發生時，且確因該事故之關係已致被害人受傷，此時不管肇事者知不知道被害人有受傷，只要肇事者明知道肇事又故意跑掉，就會成立肇事逃逸之犯行，其所面臨的就是六個月以上五年以下之有期徒刑，除非將來能順利與被害人達成和解，否則因此被判刑而須入監服刑之機會非常高，切不可大意，所以，一旦發生車禍意外事故，務必要留在現場善後，緊急救人也好，保留現場證據也行，逃逸而去一定是最

壞的選擇。

 十、車禍事件處理之基本原則㈣——車禍事件處理之流程如何？

　　在接受當事人詢問車禍事件處理之流程時，常常隨手將全部會經歷之過程，畫成一個草圖來進行說明，而這個草圖畫來畫去都差不多，這次藉用本書探討車禍事件處理之相關問題，順便將此流程圖一併附於最後一篇，一來當成附圖，二來亦可供閱完前述幾篇後之對照。當然，針對車禍事件處理之細節也已有人著成專書在介紹，本書僅略述其概要，而此等概要之內容也是律師在與當事人對談時會提到的一些基本原則，此等原則僅能讓當事人有一初步之認識，使其明瞭將要面對之程序為何，至於一旦進入實體之訴訟程序後所面臨之困難、細節及技術問題，並非三言兩語即可一一解釋清楚，所以當遇到實際案例之時，如有不瞭解之處，仍有就個案之特性再請教律師詳為說明之必要，以免大意而錯失該有之權利保障。

附：車禍事件處理流程圖

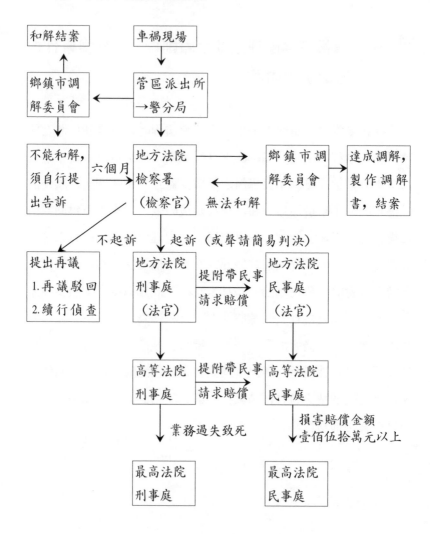

後 記

　　從小就一直有個想要當法官的志願，可是爺爺卻只希望我去學算命，因為他認為當個算命師就不須判人生死、斷人勝敗，也就不用擔心會有誤判造成罪孽之情形。到國小五年級，我就異想天開地存錢買了一本六法全書，心裡想若從那時就開始背，到長大時應該能背得完並趕得上當法官才是；國中三年當了二年班長，期間有一次因為同學有人借錢不還而跑來跟我講，於是在下課時他們債權人跟債務人兩個竟然被我抓來開庭，事後還寫下限期還錢的協議書讓他們兩人簽。高中聯考時，心裡一直想去唸五專，想藉此逃避再面對下一次的大學聯考，但是事與願違，高中聯考的成績竟然高於五專聯考的成績，這本來已是難得一見之狀況，加上當年五專分數超高，造成我的成績根本找不到好學校唸，最後只好去唸普通高中；第一次大學聯考數學考六分，只要多考兩分就不會落榜了，雖不能上法律系，但總有個學校可唸，可是竟然只有六分，當然只能含恨重考去，隔年成績一公布，我僅填了十二個志願，第一志願是臺大司法，第二志願政大法制，第三志願中興司法，其他的根本就亂填，因為我已經知道肯定要去唸中興司法了。

　　大學四年一晃眼就過去，學到了什麼其實還真沒印象，

後悔的是書沒唸好就算了，好像什麼也沒玩到，如果能重來，
一定要好好玩才行。在爸、媽欣慰、驕傲的眼神中總算大學
畢業了，沒多久就入伍當兵而進憲兵訓練中心，在那個讓人
生不如死的地方只待了四個星期就轉到憲兵學校去了，可是
到現在再從營區旁經過回想起當時的情景都還會怕得想發
抖；服兵役期間後半段來到鳳山憲兵隊，這是一個讓我在當
兵期間還可以有時間重拾書本的地方，雖沒有自己的寢室，
但總還有個自己的辦公桌，晚點名完大家溜出去玩的時候，
就是我躲在辦公室開始唸書的時間，其實回想起來，那時唸
的書很有限，但重要的是把心守住，沒有跟著出去玩瘋掉這
才是重點。

當兵期間省吃儉用存了一些錢，退伍回來後就拿著去交
給補習班，到了補習班上課後，才對法律課程真正有一些頓
悟，看到站在臺上的老師有的才跟自己一樣的年紀，年紀較
大的也多沒幾歲，而一樣的課程、一樣的教科書別人竟然能
把書唸成這樣，還能站在講臺上對著一大群自詡為法律科班
出身的學生上課，然自己卻是全然一知半解，當時所受到的
衝擊算是非常強烈的震撼，從那時才真正找到如何唸法律的
方向；還好沒太晚，從此與世隔絕、開始苦讀，在退伍的隔
年（八十二年）年中先考上普考，進入臺北縣平溪鄉戶政事
務所當起公務員。年底相繼報名司法特考、律師高考，猶記
得要請假出來考律師高考的時候，戶政事務所主任一直不肯
准假，他希望我好好在戶政事務所待著就好，他認為戶籍員

雖不能往上升大官，但也不算沒成就，還送了我一句：「那麼多人在考又那麼難考，反正也考不上，何必浪費時間？」頂著這盆冷水我仍堅持要回來考試，抱定不准假就離職的決心。依當時之壓力及心情，根本就管不了准不准假，假單填都沒填就上考場去了，有幸遇上當年擴大錄取名額的機運，讓我幸運地名列律師榜上，到現在都還記得很清楚當年總平均考五五點七五分，落榜的不算，就那零點七五的零頭，名次排在我後面的還有一百多人，想想還真是讓人不寒而慄。

一轉眼執業滿九年正式邁入第十年，在這期間，我成家了，老婆昭儀，感謝她很努力地每隔兩年就幫我生下一個小寶寶，品慈、凱捷、芷寧個個都健康可愛，這也讓我媽媽一直都能沉浸在含飴弄孫的快樂中，相對地舒緩了媽媽辛苦了一輩子，正當兒子風風光光要當執業律師時，自己卻染腎疾須面臨洗腎之痛苦及一次次與生命搏鬥的遺憾；至於老爸一向不管家事，他能把自己顧好我就很高興了，聽說律師放榜當晚他一整晚睡不著，家裡好像難得有讓他會反應如此激烈的事了。一路走來，總覺得人生在冥冥之中自有安排，我很珍惜目前所有，也希望藉由一己棉薄之力能稍改律師長久以來給人的不好印象，只是這條路走起來不容易，而且好像還看不到盡頭在哪裡……。

這本書幾乎是將平常所執行之律師業務及經驗完全攤在陽光下來解說，儘量避免生硬的語法，希望讓一般民眾都有興趣而且看得懂，不過在寫作過程中有時也會產生懷疑，懷

疑如果一般民眾都把這本書看熟了、看懂了，那律師豈不要少掉許多業務（少賺很多錢）？但一想到律師法第一條便規定要律師：「以保障人權、實現社會正義及促進民主法治為使命。」所以心想這也不過是在律師之職責下略盡一己棉薄之力而已，而且法律本來就人人能懂，只差用心與否及管道如何而已，所以又何必太過敝帚自珍，當然，最後也要感謝三民書局不遺餘力、願意持續地在進行一般民眾生活法律常識之宣導，才讓我有這一次可以將律師執業之經驗提出來與大家分享之機會，敬祈讀者諸君不吝指教，順頌時祺。

Law about Life

房屋租賃　莊守禮／著

身為房東，你是不是害怕碰上惡房客？而身為租屋者，你又如何保障自己的權益呢？

本書是以淺顯的陳述方式，為沒正式學過法律的房東及房客編寫而成。生活化、口語化的用詞以及豐富的內容，針對房屋租賃的種種法律問題，提供了案例解說及解決之道，讓房東及房客們能具備趨吉避凶的能力，藉此消弭社會上因租賃關係所生的各種糾紛。

勞動法一百問　陳金泉／著

本書以「常見問答集」（FAQ）之型式編排，內容泰半取材自作者經辦之各類勞資爭訟案件，以及其個人網站歷年來所回覆七百餘則勞工法令問題之精要；每一則問答均包含標題、問題、說明與結論四部分，全書分為通則、勞動契約、工資、工時、休假與請假、女工、退休、職業災害補償、勞工保險及其他等共十篇，希望能帶給勞資雙方行使權利義務時參考上之便利。

死會可以活標？　王惠光／著

合會是在臺灣社會中普遍存在之民間經濟互助組織，對一般人民日常生活之經濟、理財有很大的影響。在民國八十八年十一月二十一日修正民法債篇條文時增列合會章節，終於使參與合會的會首及會員相互間的權利義務有法律之規範基礎。本書平鋪直敘的說明、淺顯易懂的問題，使完全不懂合會的人，也能夠藉由本書獲得參與合會之法律常識。

公寓大廈是與非　吳尚昆／著

　　本書為您介紹公寓大廈管理條例的相關內容，並特別詳細解說一般住戶關心但常誤解的問題。全書除討論一般公寓大廈管理事務常見的法律問題外，並提供具體建議、處理流程及相關注意事項。書末附錄除附有相關法令外，另有多篇管理委員會常用書函及書狀範例，可供一般公寓大廈管理委員會因應糾紛事務時參考之用。

怎樣保險最保險 —— 認識人身保險契約　簡榮宗／著

　　保險制度具有分散風險、彌補損失以及儲蓄、節稅等功能，可說是現代人所不可或缺的理財及移轉風險方法。由於保險法的知識並不普及，造成保險契約的糾紛層出不窮。本書文字淺顯，並以案例介紹法院對保險契約常見糾紛之見解，相信必能使一般民眾及保險從業人員對保險契約及法律規定有相當之認識，對自我權益更有保障。

消費生活與法律保護　許明德／著

　　俗話說：「吃虧就是佔便宜」，但在消費時吃了悶虧，自認倒楣絕對不是最好的方法，面對生產者強大的經濟力、技術力，您該怎麼辦？

　　本書深入淺出地為您介紹消費者保護法及相關法規，並說明消費爭議的處理方式，讓您充分了解消費者應有的權益，兼具理論與實用，絕對是您保障自身權益的必備寶典！